FRENCH VERB DRILLS

R. de Roussy de Sales

PASSPORT BOOKS
a division of NTC/CONTEMPORARY PUBLISHING GROUP
Lincolnwood, Illinois USA

Published by Passport Books,
a division of NTC/Contemporary Publishing Group, Inc.,
4255 West Touhy Avenue,
Lincolnwood, IL 60712-1975 U.S.A.
International Standard Book Number: 0-8442-1029-3

10 11 12 13 VLP VLP 0 5 4 3 2 1

Contents

PART II: IRREGULAR VERBS

PART I
Regular Verbs

1. INFINITIVE

All French verbs have their infinitives ending in -er, -ir or -re.

Regular verbs are classified into three groups, according to their infinitive ending:

      1. parler   (to speak)

      2. finir   (to finish)

      3. vendre   (to sell)

The stem of the verb is obtained by dropping the infinitive ending -er, -ir or -re.

2. PRESENT INDICATIVE OF REGULAR -ER VERBS

The present tense of regular -er verbs is formed by adding the endings -e, -es, -e. -ons, -ez, -ent to the stem of the verb.

parler   (to speak)

Singular

je parle   (I speak, I do speak, or I am speaking)

tu parles   (you speak, you do speak, or you are speaking)
(or: vous parlez)

il)   (he speaks, he does speak, or he is speaking)
elle)parle (she speaks, she does speak, or she is speaking)
on)   (one speaks or we speak or they speak,
            one does speak or we do speak or they do speak,
            one is speaking or we are speaking or they are
            speaking)

Plural

nous parlons (we speak, we do speak, we are speaking)

vous parlez   (you speak, you do speak, you are speaking)

ils   )
elles)parlent (they speak, they do speak, they are speaking)

1. In French, the second person singular (you) has two forms:

    The familiar form, using the pronoun <u>tu</u>.

    The polite form, using the pronoun <u>vous</u>.

<u>Singular</u>   <u>Plural of both forms</u>

Familiar form: <u>tu</u> parles ⎱
                                 ⎰ (you speak)   <u>vous</u> parlez   (you speak)
Polite form: <u>vous</u> parlez ⎰

2. The <u>e</u> of <u>je</u> is dropped when the word coming after it begins
    with a vowel or a silent h.

           j'<u>a</u>rrive   (I am coming)

           j'<u>h</u>abite à Paris   (I live in Paris)

USE OF TENSE

The present indicative is used in French as in English. However,
it is used also to express an action which took place in the past
and is still going on at present.

        Il pleut depuis deux jours. (It has been raining for
                                        two days.)

The English progressive form can be expressed in French by using
the expression: <u>en train de</u>.

        Je suis en train de travailler. (I am working.)

COMMON REGULAR -ER VERBS

admirer	(to admire)	écouter	(to listen to)
aider	(to help)	entrer	(to enter)
aimer	(to love, to like)	étudier	(to study)
ajouter	(to add)	fermer	(to close)
apporter	(to bring)	habiter	(to live in)
arriver	(to arrive, to happen)	jouer	(to play)
brûler	(to burn)	monter	(to go up)
chanter	(to sing)	montrer	(to show)
compter	(to count)	parler	(to speak)
couper	(to cut)	penser	(to think)
coûter	(to cost)	pleurer	(to cry)
danser	(to dance)	porter	(to carry, to wear)
déjeuner	(to have lunch)	sonner	(to ring)
demander	(to ask)	tomber	(to fall)
demeurer	(to remain)	travailler	(to work)
dîner	(to dine)	trouver	(to find)
donner	(to give)		

EXERCISES

1. Write the present tense of the verbs demander, chanter, and travailler.

    1. demander: je_____   tu_____   il_____

                               nous_____   vous_____   ils_____

    2. chanter: je_____   tu_____   il_____

                                 nous_____   vous_____   ils_____

    3. travailler: je_____   tu_____   il_____

                                 elle_____   nous_____   vous_____

                               ils_____   elles_____

2. Write the present tense of the verbs in parentheses.

    1.(étudier)   il_____ vous_____ j'_____ nous_____

    2.(donner)   tu_____ ils_____ vous_____ je_____

    3.(fermer)   elle_____ nous_____ tu_____ il_____

    4.(jouer)   je_____ vous_____ elles_____ tu_____

    5.(dîner)   nous_____ tu_____ je_____ vous_____

3.   Translate into French:

1.   We speak._____

2.   We are beginning._____

3.   I do work._____

4.   She helps._____

5.   You love._____

6.   He is listening._____

7.   They count._____

8.   I am falling._____

9.   We find._____

10. We are arriving._____

11. He brings._____

12. We go up._____

13. She is wearing._____

14. We play._____

15. He does study._____

16. We admire._____

17. He finds._____

18. I am thinking._____

19. They ring._____

20. She cries._____

3. PRESENT INDICATIVE OF REGULAR -IR VERBS

INTERROGATIVE

The present tense of -ir verbs is formed by adding the endings -is, -is, -it, -issons, -issez, -issent to the stem of the verb.

finir (to finish)

je finis (I finish, I do finish, I am finishing)

tu finis

il finit

nous finissons

vous finissez

ils finissent

INTERROGATIVE

The interrogative is formed:

1. By placing est-ce que before the statement:

   Est-ce que vous aimez les chats? (Do you like cats?)

2. By placing the pronoun after the verb and joining it with a hyphen.

   Aimez-vous les chats? (Do you like cats?)

   With the pronouns il, elle, a -t- is placed between the verb and the pronoun, unless the verb ends with a t.

   Aime-t-il les chats? (Does he like cats?)

Note: With the pronoun je, only the form Est-ce que is used, except with the verbs être and avoir, and a few others.

Est-ce que j'obéis?	_____	(Do I obey?)
Est-ce que tu obéis?	OR: Obéis-tu?	(Do you obey?)
Est-ce qu' il obéit?	OR: Obéit-il?	(Does he obey?)
Est-ce que nous obéissons?	OR: Obéissons-nous?	(Do we obey?)
Est-ce que vous obéissez?	OR: Obéissez-vous?	(Do you obey?)
Est-ce qu' ils obéissent?	OR: Obéissent-ils?	(Do they obey?)

COMMON REGULAR VERBS IN -IR

accomplir	(to accomplish)	obéir	(to obey)
bâtir	(to build)	punir	(to punish)
choisir	(to choose)	remplir	(to fill)
		réussir	(to succeed)

EXERCISES

1. Write the present tense of the verbs obéir, réussir, and punir.

1. obéir: j'_____   tu_____   il_____

   nous_____   vous_____   ils_____

2. réussir: je_____   tu_____   il_____

   nous_____   vous_____   ils_____

3. punir: je_____   tu_____   il_____

   nous_____   vous_____   ils_____

   elle_____   elles_____

Exercises (Con't)

2. Write the present tense of the verbs in parentheses.

1. (bâtir)   nous_____ il_____ je_____ tu_____

2. (remplir)   elle_____ vous_____ ils_____ nous_____

3. (choisir)   je_____ nous_____ tu_____ elle_____

4. (accomplir) il_____ vous_____ j'_____ ils_____

5. (finir)   vous_____ il_____ elles_____ tu_____

3. Translate the following into French.

1. Is he obeying?_____

2. Does he succeed?_____

3. Does he speak French?_____

4. Am I helping?_____

5. Do you dance?_____

6. Are you thinking?_____

7. Do I choose?_____

8. Are you listening?_____

9. Is he choosing a house?_____

10. Does she wear a hat?_____

4. PRESENT INDICATIVE OF REGULAR -RE VERBS

NEGATIVE FORM

The present tense of -re verbs is formed by adding the endings
-s, -s, - , -ons, -ez, -ent to the stem of the verb.

                                    vendre, (to sell)
    je vends   (I sell, I do sell, I am selling)

    tu vends

    il vend

    nous vendons

    vous vendez

    ils vendent

NEGATIVE FORM

The negative is formed by placing ne before the verb and pas
after it.

                        ne - verb - pas

    vous ne parlez pas.   (You do not speak, you are not
                                            speaking)

The e of ne is dropped before a vowel or silent h.

    vous n'aimez pas   (You don't like)

In the negative interrogative form, the ne is placed before the
verb and pas after the pronoun.

                    ne - verb-pronoun - pas

    Ne parlez-vous pas?   (Don't you speak? Are you not speaking?)

This does not apply to the est-ce que form.

    Est-ce que vous ne parlez pas? (Don't you speak?)

COMMON REGULAR VERBS IN -RE

attendre	(to wait)
défendre	(to defend, to forbid)
descendre	(to go down)
entendre	(to hear)
perdre	(to lose)
rendre	(to give back)
répondre	(to answer)
tendre	(to stretch)

EXERCISES

1. Write the present of the verb in the person indicated by the pronoun.

   1. Nous (répondre) _____

   2. Il (vendre) _____

   3. Elles (entendre) _____

   4. Je (défendre) _____

   5. Vous (perdre) _____

   6. Tu (rendre) _____

   7. Elle (tendre) _____

   8. Ils (descendre) _____

   9. Je (perdre) _____

   10. Tu (entendre) _____

2. Translate into French:

1. They are losing. _____
2. We don't hear. _____
3. Don't you answer? _____
4. I do not forbid. _____
5. Are they waiting? _____
6. Are they not waiting? _____
7. I lose. _____
8. She is giving back. _____
9. They forbid. _____
10. We are not losing. _____

5. IMPERATIVE

To form the imperative, use the 1st person singular and 1st person plural and the 2nd person plural of the present indicative.

FAMILIAR (tu)		POLITE (vous)		(nous)	
parle!	(speak!)	parlez!	(speak!)	parlons!	(let us speak!)
finis!	(finish!)	finissez!	(finish!)	finissons!	(let us finish!)
vends!	(sell!)	vendez!	(sell!)	vendons!	(let us sell!)

NOTE: In the "tu" form, for verbs in -ER an "s" is added when verb is followed by y or en.

> Parles-en!   (Speak of it!)
>
> Vas-y!   (Go there!)

USE OF MOOD

The imperative is used, as in English, to express command.

EXERCISE

Translate into French:

1. Let us work! _____

2. (Polite form). Choose! _____

3. (Familiar form). Obey! _____

4. (Polite form). Listen! _____

5. (Polite form). Wait! _____

6. Let us think! _____

7. Let us study! _____

8. (Polite form). Come in! _____

9. (Familiar form). Have dinner! _____

10. Let us begin! _____

6. PRESENT PARTICIPLE

The present participle of all French verbs end in -ANT.

To form the present participle of regular verbs, replace the -ons ending of the first person plural of the present indicative by -ant.

parlant (speaking) finissant (finishing) vendant (selling)

EXCEPTIONS TO THE RULE: Verbs être (étant), avoir (ayant), savoir (sachant)

USE OF TENSE

The present participle, or -ant form of French verbs, is translated by the English -ing.

The preposition EN (while, on, by, in, when) governs the present participle form of the French verbs. However, it may occur without en.

Il siffle en travaillant.   (He whistles while he works.)

En voyant   (On seeing)

En entrant   (When entering)

Souffrant atrocement, elle est   (Suffering terribly, she went
     allée chez le dentiste.   to the dentist.)

NOTE

The present participle is invariable, unless it is used as an adjective.

En les intéressant à des choses intéressantes.   (By interesting them in interesting things.)

Complete the following sentences by writing the verb in parentheses in the appropriate form.

1. Il s'est cassé une jambe en (JOUER) au football._____

2. En (ETUDIER) les verbes, on arrive à parler
    français correctement.   _____

3. Il est entré en (CHANTER) la Marseillaise.   _____

4. En (OBEIR), on apprend à commander.   _____

5. C'est en (ECOUTER) le professeur que l'on
    apprend le français.   _____

6. Finissons cet exercice en (ATTENDRE) l'heure
    du dîner.   _____

7. Il a fait une faute en (COMPTER) de un à dix.   _____

8. C'est en (DESCENDRE) l'escalier qu'il est
    tombé.   _____

9. C'est en (DANSER) qu'on devient bon danseur.   _____

10. Les bons élèves aident les autres en leur
    (DONNER) des conseils en français.   _____

7. FUTURE

The future tense is formed by adding the endings -ai, -as, -a, -ons, -ez, -ont to the infinitive. Drop the e before adding these endings for verbs in -re.

parler	finir	vendr(e)
je parlerai (I will speak)	je finirai	je vendrai
tu parleras	tu finiras	tu vendras
il parlera	il finira	il vendra
nous parlerons	nous finirons	nous vendrons
vous parlerez	vous finirez	vous vendrez
ils parleront	ils finiront	ils vendront

USE OF TENSE

The future tense in French expresses future time, as it does in English.

NOTE. Future time is usually expressed in conversation and familiar writing, in both French and English, by using the verb aller (to go) in the present tense and placing it before the infinitive (in French) or the present participle (in English) of the verb.

Je vais aller en France cet été. (I am going to go to France this summer.)

Allez-vous au cinéma ce soir? (Are you going to the movie this evening?)

Write the future of the verb in the person indicated by the pronoun.

1. Je (finir)_____

2. Vous (chanter)_____

3. Nous (choisir)_____

4. Elle (attendre)_____

5. Tu (perdre)_____

6. Ils (écouter)_____

7. Je (descendre) _____

8. Elle (répondre)_____

9. Tu (réussir) _____

10. Elles (guérir)_____

8. CONDITIONAL

The conditional is formed by adding the endings -ais, -ais, -ait,
-ions, -iez, -aient, to the infinitive.

Drop the e for -re verbs.

je parlerais (I would speak)	je finirais	je vendrais
tu parlerais	tu finirais	tu vendrais
il parlerait	il finirait	il vendrait
nous parlerions	nous finirions	nous vendrions
vous parleriez	vous finiriez	vous vendriez
ils parleraient	ils finiraient	ils vendraient

USE OF TENSE

1. The conditional is used as in English to express a future
   action which might take place.

   Si j'étais en France, je parlerais français. (If I were in

   France, I would speak French.)

2. It is also used to express a wish.

   Je voudrais vous embrasser.   (I would like to kiss you.)

3. Or a polite request.

   Pourriez-vous me prêter un dollar? (Could you lend me a dollar?)

EXERCISES

1. Write the conditional of the verb according to the person indicated by the pronoun.

    1. Elles (répondre) _____

    2. Nous (finir) _____

    3. Il (choisir) _____

    4. Pierre (arriver) _____

    5. Tu (penser) _____

    6. Vous (aimer) _____

    7. Je (perdre) _____

    8. Elles (attendre) _____

    9. Vous (choisir) _____

    10. Tu (réussir) _____

2. Change the future to the conditional and translate:

    1. Nous obéirons. _____ _____

    2. Tu finiras. _____ _____

    3. Je commencerai. _____ _____

    4. Ils finiront. _____ _____

    5. J'aimerai. _____ _____

    6. Vous déjeunerez. _____ _____

    7. Elle parlera. _____ _____

    8. J'entendrai. _____ _____

    9. Elles travailleront. _____ _____

    10. Nous jouerons. _____ _____

Exercises (con't)

3. Translate into French:

1. You will obey._____

2. I would think._____

3. We would listen._____

4. Would you wait?_____

5. I am selling._____

6. We would play._____

7. I shall answer._____

8. They would admire._____

9. Will you come down?_____

10. They would not come down._____

9. IMPERFECT

The imperfect is formed by adding to the stem of the verb the
endings -ais, -ais, -ait, -ions, -iez, -aient.

For verbs in -ir, insert -iss between stem and ending.

je parlais (I was speaking, used to speak)	je finissais	je vendais
tu parlais	tu finissais	tu vendais
il parlait	il finissait	il vendait
nous parlions	nous finissions	nous vendions
vous parliez	vous finissiez	vous vendiez
ils parlaient	ils finissaient	ils vendaient

USE OF TENSE

The imperfect expresses a continuous action, a repeated action,
a condition or a prolonged action that took place in the past.

Il dormait quand je suis entré. (He was sleeping when I came in.)

Autrefois, les hommes portaient des perruques. (In the past,
men wore wigs.)

EXERCISE

Write the imperfect of the verb in the person indicated by the pronoun.

1. Vous (choisir)   _____

2. J' (entendre)   _____

3. Il (jouer)   _____

4. Je (travailler)   _____

5. Tu (demeurer)   _____

6. Nous (bâtir)   _____

7. Ils (accomplir)   _____

8. Je (remplir)   _____

9. Tu (perdre)   _____

10. Vous (descendre)   _____

11. Nous (vendre)   _____

12. Elle (dîner)   _____

13. Tu (écouter)   _____

14. Je (penser)   _____

15. Ils (porter)   _____

16. Il (demander)   _____

17. Nous (obéir)   _____

18. Elles (choisir)   _____

19. Nous (attendre)   _____

20. Je (descendre)   _____

REVIEW

REGULAR VERBS: PRESENT INDICATIVE, FUTURE, CONDITIONAL, IMPERFECT AND IMPERATIVE

1. Translate into English:

    1. Je finis. _____

    2. Nous parlions. _____

    3. Vous perdrez. _____

    4. Je donnerais. _____

    5. Ils dansaient. _____

    6. Tu entreras. _____

    7. On vendait. _____

    8. Vous habitiez. _____

    9. Elles étudient. _____

    10. Je bâtissais. _____

    11. Répondez à la question. _____

    12. Aimez-vous Brahms? _____

    13. Nous ne travaillons pas. _____

    14. Est-ce que vous chantez? _____

    15. Chantiez-vous? _____

    16. Je suis en train de travailler. _____

    17. Nous écoutions la radio. _____

    18. Il joue du piano. _____

    19. Ecoutez-vous ? _____

Review (con't)

2. Write the verb in parentheses in the tense indicated.

1. Present (descendre) Je_____

2. Imperfect (finir) Nous_____

3. Future (attendre) J'_____

4. Conditional (chanter) Je_____

5. Present (pleurer) Elles_____

6. Imperfect (réussir) Vous_____

7. Imperative 1st person plural:(parler):_____

8. Imperative 2nd person plural:(écouter):_____

9. Present (brûler): Il_____

10. Imperfect (trouver): Vous_____

11. Future (compter): Tu_____

12. Conditional (ajouter): Nous_____

13. Future (apporter): Ils_____

14. Present (aider): Elle_____

15. Imperfect (demander): Vous_____

16. Present (obéir): Ils_____

17. Present (répondre): Nous_____

18. Future (perdre): Je_____

19. Conditional (accomplir): Il_____

20. Imperfect (choisir): Je_____

10. Être and Avoir
(Present, Future, Conditional, Imperfect)

être (to be)

Present (I am)	Future (I will be)	Conditional (I would be)	Imperfect (I was, used to be)
Je suis	Je serai	je serais	j'étais
tu es	tu seras	tu serais	tu étais
il est	il sera	il serait	il était
nous sommes	nous serons	nous serions	nous étions
vous êtes	vous serez	vous seriez	vous étiez
ils sont	ils seront	ils seraient	ils étaient

Imperative	Past participle	Past participle
sois! (be!)	étant (being)	été (been)
soyons! (let us be!)		
soyez! (be!)		

---

avoir (to have)

Present (I have)	Future (I shall have)	Conditional (I would have)	Imperfect (I was having, used to have)
j'ai	j'aurai	j'aurais	j'avais
tu as	tu auras	tu aurais	tu avais
il a	il aura	il aurait	il avait
nous avons	nous aurons	nous aurions	nous avions
vous avez	vous aurez	vous auriez	vous aviez
ils ont	ils auront	ils auraient	ils avaient

Imperative	Present participle	Past participle
aie! (have!)	ayant (having)	eu (had)
ayons! (let us have!)		
ayez! (have!)		

(Irregular forms are underlined)

IDIOMATIC USES OF AVOIR

Il y a	(there is, there are)
avoir chaud	(to be hot)
avoir faim	(to be hungry)
avoir froid	(to be cold)
avoir soif	(to be thirsty)
avoir peur (de)	(to be afraid (of))
avoir raison	(to be right)
avoir tort	(to be wrong)
avoir sommeil	(to be sleepy)
avoir l'air de	(to seem)
avoir --- ans	(to be --- years old)
avoir de la chance	(to be lucky)
avoir envie de	(to feel like)
avoir besoin de	(to need)
avoir lieu	(to take place)
avoir honte (de)	(to be ashamed (of))
avoir l'habitude de	(to be accustomed to)
avoir mal (à)	(to have a pain, to have a -- ache)
avoir la parole	(to have the floor)

EXERCISE

Translate into French:

1. I shall be._____

2. We are._____

3. You would be.(familiar form)_____

4. You would have.(polite form)_____

5. He used to be._____

6. Let us be!_____

7. They are._____

8. I used to have._____

9. We have._____

10. We would have._____

11. He would be._____

12. You will be.(polite form)_____

13. He will have._____

14. We will be._____

15. He has._____

16. Be! (familiar form)_____

17. Being._____

18. We were._____

19. Having._____

20. You are._____

21. Let us have!_____

22. She used to be!_____

23. I shall have._____

24. I would be._____

25. Have! (familiar form)_____

Exercise (con't)

26. I am._____

27. He is._____

28. You used to live._____

29. He will work._____

30. She was speaking._____

31. They were._____

32. We are having._____

33. I used to be._____

34. I am warm._____

35. He is hungry._____

36. You are right.(polite form)_____

37. I am wrong._____

38. Are you sleeping? (polite form)_____

39. She is eighteen years old._____

40. There is._____

41. To seem._____

42. I am thirsty._____

43. She is afraid._____

44. There are._____

45. We are hungry._____

46. She is not afraid._____

47. We are not wrong._____

48. Am I wrong?_____

49. Are you right? (familiar form)_____

50. Let us not be wrong._____

11. PAST PARTICIPLE

The past participle of regular verbs is formed by adding

$\underline{é}$ for -er verbs

$\underline{i}$ for -ir verbs

$\underline{u}$ for -re verbs

to the stem of the verb.

parler	finir	vendre
parl**é** (spoken)	fin**i** (finished)	vend**u** (sold)

AGREEMENT OF PAST PARTICIPLE

With the verb **être**, the past participle agrees in gender and number with the subject.

With the verb avoir, it agrees with the object if it is placed before the verb.

J'ai fini la leçon.   (Does not agree because the object comes after the verb.)

Quelle leçon avez-vous fini**e**?   (Agrees with the object because it comes before the verb.)

Elle est arriv**ée**.   (Agrees with the subject.)

The past participle never agrees when it is preceded by **en**.

Avez-vous des bananes? (Do you have bananas?)

—Oui, j'**en** ai acheté.   (Yes, I bought some.)

12. PASSÉ COMPOSÉ

The passé composé is formed by combining the present tense of the verbs <u>être</u> or <u>avoir</u> with the past participle.

parler	finir	vendre
J'ai parl<u>é</u>	J'ai fin<u>i</u>	J'ai vend<u>u</u>
(I spoke)	(I finished)	(I sold)
(I have spoken)	(I have finished)	(I have sold)
(I did speak)	(I did finish)	(I did sell)
tu as parl<u>é</u>	tu as fin<u>i</u>	tu as vend<u>u</u>
il a parl<u>é</u>	il a fin<u>i</u>	il a vend<u>u</u>
nous avons parl<u>é</u>	nous avons fin<u>i</u>	nous avons vend<u>u</u>
vous avez parl<u>é</u>	vous avez fin<u>i</u>	vous avez vend<u>u</u>
ils ont parl<u>é</u>	ils ont fin<u>i</u>	ils ont vend<u>u</u>

arriver	descendre
je suis arriv<u>é</u>	je suis descend<u>u</u>
(I arrived)	(I went down)
(I have arrived)	(I have gone down)
(I did arrive)	(I did go down)
tu es arriv<u>é</u>	tu es descend<u>u</u>
il est arriv<u>é</u>	il est descend<u>u</u>
nous sommes arriv<u>és</u>	nous sommes descend<u>us</u>
vous êtes arriv<u>és</u>	vous êtes descend<u>us</u>
ils sont arriv<u>és</u>	ils sont descend<u>us</u>

ÊTRE or AVOIR?

Most verbs are conjugated with the verb <u>avoir</u>.

The following verbs are conjugated with <u>être</u>:

<u>aller</u>, <u>venir</u>, <u>entrer</u>, <u>sortir</u>, <u>arriver</u>, <u>partir</u>, <u>monter</u>, <u>descendre</u>, <u>tomber</u>, <u>retourner</u>, <u>devenir</u>, <u>naître</u>, <u>mourir</u>.

USE OF TENSE

The passé composé refers to past actions which took place in an indefinite time. It is used mostly in speaking and is often called the "conversational past."

It is used to show a completed action or state, or a succession of past events. Thus in conversation, this tense describes the same shade of past time or action, or succession of past events which the passé simple depicts in literary or written French. (There is no idea of lasting, customary, repeated or habitual action as in the imperfect.)

Elle est partie à six heures.   (She left at six o'clock.)

Il les a vus. Puis, il a fermé   (He saw them. Then he shut
la porte et il est parti.   the door and went away.)

Il m'a dit qu'elle est tombée.   (He told me that she fell.)

Nous nous sommes couchés à   (We went to bed at midnight.)
minuit.

EXERCISE

Write the verb in the passé composé.

1. (parler) Elle_____

2. (monter) Je_____

3. (finir) Nous_____

4. (chanter) Tu_____

5. (obéir) Vous_____

6. (arriver) Elles_____

7. (étudier) Il_____

8. (tomber) Elle_____

9. (trouver) J'_____

10. (choisir) Vous_____

Exercise (con't)

11. (attendre) Nous_____

12. (répondre) Il_____

13. (entendre) Tu_____

14. (descendre) Nous_____ _____

15. (aimer) Elle_____ _____

16. (perdre) Tu_____ _____

17. (bâtir) Il_____

18. (punir) Elle_____

19. (réussir) Nous_____

20. (donner) Il_____

13. PASSÉ SIMPLE

The passé simple is formed by adding the following endings to the stem of the verb:

-ai, -as, -a, -âmes, -âtes, -èrent - with -er verbs

-is, -is, -it, -îmes, -îtes, -irent - with -ir and -re verbs

je parlai (I spoke)	je finis (I finished)	je vendis (I sold)
tu parlas	tu finis	tu vendis
il parla	il finit	il vendit
nous parlâmes	nous finîmes	nous vendîmes
vous parlâtes	vous finîtes	vous vendîtes
ils parlèrent	ils finirent	ils vendirent

Passé simple of avoir and être

j'eus	je fus
tu eus	tu fus
il eut	il fut
nous eûmes	nous fûmes
vous eûtes	vous fûtes
ils eurent	ils furent

USE OF TENSE

The passé simple is used to show a past action or state completed at a definite time.

There is no idea of lasting, customary, repeated or habitual action.

Thus it is often called the literary or historical past.

It is never used in conversation or familiar writing.

Louis XVI écrivit son testament le 25 décembre 1792.
(Louis XVI wrote his will on December 25, 1792.)

In conversation, the French would say: Louis XVI a écrit son testament le 25 décembre 1792.

EXERCISE

Write the verb in parentheses in the passé simple.

1. Il (parler)_____

2. Nous (perdre)_____

3. Ils (bâtir)_____

4. Elle (aimer)_____

5. Vous (descendre)_____

6. Ils (répondre)_____

7. Nous (attendre)_____

8. Vous (choisir)_____

9. J' (étudier)_____

10. Elles (arriver)_____

11. Vous (obéir)_____

12. Je (chanter)_____

13. Vous (finir)_____

14. Je (réussir)_____

15. Il (étudier)_____

16. Nous (parler)_____

17. Vous (attendre)_____

18. Ils (remplir)_____

19. Vous (accomplir)_____

20. Ils (dîner)_____

MASTERY EXERCISE

Rewrite the following sentences in the written style, putting the
verb in the passé simple instead of the passé composé.

1. La conquête romaine <u>a enlevé</u> à la Gaule sa liberté politique.

_____

2. Elle lui <u>a donné</u> en échange la paix et la sécurité.

_____

3. Jeanne d'Arc <u>a sauvé</u> la France.

_____

4. Richelieu <u>a créé</u> l'Académie française.

_____

5. Louis XVI <u>a écrit</u> son testament dans la tour du Temple, à
    Paris, le 25 décembre 1792.

_____

6. Pendant la deuxième guerre mondiale, le gouvernement de Vichy
    <u>a adopté</u> une politique de collaboration avec les Allemands.

_____

7. Le 18 juin 1940, le général de Gaulle <u>a invité</u>, de Londres,
    les Français à la résistance.

_____

8. Pascal <u>a inventé</u> une machine à calculer.

_____

9. Madame Curie <u>a découvert</u> le radium.

_____

10. Le skieur français <u>a remporté</u> trois médailles d'or aux Jeux
    Olympiques.

_____

14. PRESENT SUBJUNCTIVE

The present subjunctive is formed by adding -e, -es, -e, -ions, -iez, -ent to the stem of the verb. For verbs in -ir, insert -iss between stem and ending.

Present subjunctive of regular verbs

que je parle	que je finisse	que je vende
(that I may speak)	(that I may finish)	(that I may sell)
que tu parles	que tu finisses	que tu vendes
qu'il parle	qu'il finisse	qu'il vende
que nous parlions	que nous finissions	que nous vendions
que vous parliez	que vous finissiez	que vous vendiez
qu'ils parlent	qu'ils finissent	qu'ils vendent

Note: The first and second person plural are the same as those of the imperfect indicative.

(The subjunctive endings for all verbs are the same except for être and avoir.)

Present subjunctive of avoir and être

que j'aie	que je sois
(that I may have)	(that I may be)
que tu aies	que tu sois
qu'il ait	qu'il soit
que nous ayons	que nous soyons
que vous ayez	que vous soyez
qu'ils aient	qu'ils soient

USE OF THE SUBJUNCTIVE MOOD

The indicative mood is so called because it indicates fact or certainty. The subjunctive mood is so called because it is usually found in a subjoined or subordinate clause.

The subjunctive is mostly used in subordinate clauses introduced by QUE.

1. It is used in sentences expressing emotion such as joy, sorrow, or fear, wish or command, and uncertainty.

   Je suis content/que vous appreniez le subjonctif.

   (I am glad/that you are learning the subjunctive.)

Je regrette/que vous le trou*viez* difficile.

(I am sorry /that you find it difficult.)

Le professeur veut/que nous fin*issions* cette leçon aujourd'hui.

(The teacher wants us/to finish this lesson today.)

Je doute/que vous la fini*ssiez* aujourd'hui.

(I doubt/that you will finish it today.)

2. The subjunctive is used after impersonal expressions, except those that indicate a certainty or probability.

Il *faut que*/je fin*isse* cette leçon aujourd'hui.

(It is necessary/that I finish this lesson today.)

Il *est temps*/que nous part*ions*.

(It is time/that we leave.)

Il *est nécessaire*/que vous étu*diez* le subjonctif.

(It is necessary/that you learn the subjunctive.)

3. The subjunctive is used after the following conjunctions:

afin que, *bien que*, *jusqu'à ce que*, *malgré que*, *pour que*, *pourvu que*, *quoique*.

Pour que vous compren*iez*. (So that you will understand.)

USE OF PRESENT SUBJUNCTIVE

The present subjunctive is used to show that the action of the verb in the subordinate clause goes on at the same time as, or at a future time to, that action expressed by the verb in the governing clause.

Furthermore, the subject of the subordinate clause must differ from the subject of the governing clause..

Je veux/qu'elle fasse cela demain.　(I want her/to do that tomorrow.)

Nous doutons/qu'il soit heureux à présent.　(We doubt/that he is happy at present.)

Je ne crois pas/qu'ils viennent à deux heures.　(I don't believe/that they will come at two o'clock.)

Il faut/que Marie lui écrive une lettre tout de suite.　(It is necessary/that Mary write him a letter immediately.)

Elle voudrait/que je la voie demain.　(She would like/for me to see her tomorrow.)

Note the wording of the English translations.

In English, the infinitive is frequently used when the subject of the subordinate clause differs from the subject of the governing verb.

Write the verb in the present subjunctive.

1. (attendre) Pourvu qu'elle _____

2. (monter) Il faut que nous_____

3. (aimer) Bien que vous_____

4. (dîner) Pourvu qu'ils_____

5. (chanter) Pour que tu_____

6. (vendre) Il est temps que vous_____

7. (choisir) Afin qu'elles_____

8. (écouter) Il faut que j'_____

9. (perdre) Bien que tu_____

10. (finir) Il est temps que vous_____

11. (répondre) Il faut que je_____

12. (travailler) Quoique nous_____

13. (dîner) Pourvu que je _____

14. (écrire) Pour qu'ils _____

15. (finir) Afin que nous _____

16. (apprendre) Il faut que vous _____

17. (trouver) Pour qu'il _____

18. (bâtir) Il est nécessaire que je_____

19. (réussir) Pourvu que vous_____

20. (donner) Quoique je_____

MASTERY EXERCISE

Write the verb in parentheses in the proper tense and person.

1. "Tout ce que je faisais d'inutile en ce lieu m'est alors remonté à la gorge et je n'ai eu qu'une hâte, c'est qu'on en (FINIR) et que je retrouve ma cellule avec mon sommeil."
   ——Albert Camus

   _____

   _____

   _____

2. "Qu'Héléne nous (ÊTRE) rendue dans l'heure même. Ou c'est la guerre."
   —— Giraudoux

   _____

   _____

   _____

3. "Vous m'apportez ce dossier pour que je le (CONTRÔLER)."
   —— Saint-Exupéry

   _____

   _____

4. "Pourvu que le cyanure ne (ÊTRE) pas décomposé, malgré le papier d'argent!"
   —— André Malraux

   _____

   _____

5. "Que ta vision (ÊTRE) à chaque instant nouvelle !"
   ——André Gide

   _____

   _____

6. "Qu'est-ce que vous voulez alors que nous (FAIRE) de ces
   meubles, Philippe?"——André Maurois

   _____

   _____

7.   Sous le pont Mirabeau coule la Seine
                      Et nos amours
                   Faut-il qu'il m'en (SOUVENIR)
                La joie venait toujours après la peine
                   (VENIR) la nuit sonne l'heure
                   Les jours s'en vont je demeure

                                   ——Guillaume Apollinaire

        _____

        _____

        _____

        _____

        _____

        _____

8. "Mon armée? Ah, poltron ! Ah, traître! pour leur mort
    Tu crois donc que ce bras ne (ÊTRE) pas assez fort."

                                   ——Corneille

   _____

   _____

9. "Il n'est, je le vois bien, si poltron sur la terre
    Qui ne (POUVOIR) trouver un plus poltron que soi."

                                   ——La Fontaine

   _____

   _____

10. "Mieux vaut qu'elle ne (ÊTRE) point là demain, quand on
    viendra lever le corps" dit-elle.

                                   ——André Gide

   _____

   _____

15. IMPERFECT SUBJUNCTIVE

The imperfect subjunctive is formed by dropping the last letter of the first person singular of the passé simple and adding the endings -sse, -sses, -ˆt, -ssions, -ssiez, -ssent.

There are no exceptions to this rule.

Imperfect Subjunctive

(Passé Simple: je parlai)	(Passé Simple: je finis)	(Passé Simple: je vendis)
Que je parlasse (that I might speak)	que je finisse (that I might finish)	que je vendisse (that I might sell)
que tu parlasses	que tu finisses	que tu vendisses
qu'il parlât	qu'il finît	qu'il vendît
que nous parlassions	que nous finissions	que nous vendissions
que vous parlassiez	que vous finissiez	que vous vendissiez
qu'ils parlassent	qu'ils finissent	qu'ils vendissent

USE OF IMPERFECT SUBJUNCTIVE

This tense is used in writing only and tends to disappear completely except for the third person singular.

The imperfect subjunctive shows same or future time in respect to the governing clause.

One will write: Il craignait/qu'il ne plût.   (He was afraid.that it might rain.)

But in conversation, the French will say: Il craignait/qu'il ne pleuve.

PLUPERFECT SUBJUNCTIVE

The pluperfect subjunctive shows past time in respect to the governing verb. It is never used in conversation or in familiar writing, and rarely used by modern authors. (See table of compound verbs, section 24 and 25)

Je ne croyais pas/qu'ils   (I did not believe/that they
fussent venus.   had come.)

Nous doutions/qu'il eût
jamais été heureux.   (We doubted/that he had ever
                                  been happy.)

In speaking, the French would say:

Nous doutions/qu'il ait jamais été heureux.

One will write: Il se présenta/avant qu'on l'eût appelé.

But in conversation, one will say: Il s'est présenté/avant qu'on l'ait appelé.

Corneille wrote:

Si Chimène se plaint qu'il a tué son père
Il ne l'eût jamais fait si je l'eusse pu faire.

—Le Cid

But speaking, a French person would say:

Si Chimène se plaint qu'il a tué son père
Il ne l'aurait jamais fait si j'avais pu le faire.

TENSE SEQUENCE FORMULA

GOVERNING CLAUSE   SUBORDINATE CLAUSE

Present, Future, or
Conditional   use Present Subjunctive.

Any Past tense   ⎰ use Imperfect Subjunctive to
                      ⎱ express past or future time.

                      use Pluperfect Subjunctive
                      to express past time in regard
                      to governing clause.

EXERCISE

Write the imperfect subjunctive of the verbs in parentheses.

1. (parler) Que je _____
2. (finir) Que nous _____
3. (vendre) Qu'il _____
4. (tomber) Que nous _____
5. (entendre) Qu'il _____
6. (perdre) Que tu _____
7. (chanter) Qu'ils _____
8. (punir) Que vous _____
9. (danser) Qu'elles _____
10. (ajouter) Que j' _____
11. (arriver) Qu'il _____
12. (aider) Que j' _____
13. (accomplir) Que vous _____
14. (remplir) Que tu _____
15. (rendre) Que nous _____
16. (répondre) Que je _____
17. (donner) Que tu _____
18. (entendre) Que nous _____
19. (obéir) Que j' _____
20. (choisir) Qu'ils _____

16. REFLEXIVE VERBS

In reflexive verbs, the action is performed by the subject on itself.

se laver   (to wash oneself)

Present Indicative

je me lave   (I wash myself, I am washing myself)

tu te laves   (you wash yourself)

il se lave   (he washes himself)

nous nous lavons   (we wash ourselves)

vous vous lavez   (you wash yourself or yourselves)

ils se lavent   (they wash themselves)

Imperative

lave-toi!   (wash yourself!)

lavons-nous!   (let us wash ourselves!)

lavez-vous!   (wash yourself or yourselves!)

NOTE:

1. The e of me, te, se is dropped when the word after it begins with a vowel or a silent h.

    il s'appelle Charles   (He calls himself Charles)

2. Toi is used instead of te in the imperative affirmative:

    Lave-toi!   (Wash yourself!)

3. The verb <u>être</u> is used as an auxiliary verb with reflexive verbs.

       Je me suis lavé   (I have washed myself)

Past Participle

With reflexive verbs, the past participle agrees in gender and number with the preceding direct object.

The personal pronouns are almost always used as direct objects.

       Je me suis lavé   (I washed myself)
                              (When it is a man writing)

       Je me suis lav<u>ée</u>   (I washed myself)
                              (When it is a woman writing)

Thus, in French, men and women spell differently.

Vive la différence!

COMMON REFLEXIVE VERBS

s'amuser	(to enjoy oneself)
s'appeler	(to be called)
s'approcher	(to approach)
s'arrêter	(to stop)
s'asseoir	(to sit down)
se battre	(to fight)
se coucher	(to lie down, to go to bed)
se dépêcher	(to hurry)
s'en aller	(to go away)
s'endormir	(to go to sleep)
s'ennuyer	(to get bored)
se fâcher	(to get angry)
s'habiller	(to get dressed, to dress)
se laver	(to wash (oneself))
se lever	(to get up)
se marier	(to get married)
se promener	(to take a walk)
se rappeler	(to recall, to remember)
se reposer	(to rest)
se réveiller	(to wake up)
se souvenir de	(to remember)
se taire	(to hush up)
se tromper	(to make a mistake)
se trouver	(to be present, to find oneself)

EXERCISES

1. Conjugate the verb <u>se coucher</u> in the present tense.

    je_____   nous_____

    tu_____   vous_____

    il_____   ils_____

2. Conjugate the verb <u>s'habiller</u> in the future tense.

    je_____   nous_____

    tu_____   vous_____

    il_____   ils_____

3. Conjugate the verb <u>se promener</u> in the imperfect.

    je_____   nous_____

    tu_____   vous_____

    il_____   ils_____

4. Conjugate the verb <u>s'amuser</u> in the passé composé.

    je_____   nous_____

    tu_____   vous_____

    il_____   ils_____

5. Conjugate the verb <u>se lever</u> in the passé simple.

    je_____   nous_____

    tu_____   vous_____

    il_____   ils_____

6. Conjugate the verb <u>se tromper</u> in the present subjunctive.

    que je_____   que nous_____

    que tu_____   que vous_____

    qu'il_____   qu'ils_____

REVIEW - ALL TENSES REGULAR VERBS

1. Translate into English:

    1. Je fus._____

    2. Nous parlions._____

    3. Il faut que._____

    4. Vous dîniez._____

    5. Ils ont invité._____

    6. Elles aimeraient._____

    7. Nous sommes entrés._____

    8. Pour que vous soyez._____

    9. Nous parlâmes._____

    10. Elles ont obéi._____

    11. Vous êtes descendus._____

    12. Ils répondirent._____

    13. Je remplissais._____

    14. Il pleuvait._____

    15. Elles arriveraient._____

    16. Nous avons faim._____

    17. Il est en train de dîner._____

    18. J'aurais honte._____

    19. Ils s'amusèrent._____

    20. Nous nous sommes dépêchés._____

    21. Aidez-moi!_____

    22. Ils sont tombés._____

    23. Vous vous arrêterez._____

    24. Reposez-vous!_____

    25. Afin que nous parlassions._____

Review (con't)

26. Il eut. _____

27. Réveille-toi! _____

28. Nous partions. _____

29. On vend. _____

30. Nous n'attendrons pas. _____

31. Je choisis. _____

32. Il perdit. _____

33. Je vendis. _____

34. Ils auraient. _____

35. Nous donnons. _____

36. Il s'habillera. _____

37. Nous nous lavions. _____

38. Ils perdirent. _____

39. Il y avait. _____

40. Elles arrivent. _____

41. Elles ont aimé. _____

42. On vendra. _____

43. Nous nous promenions. _____

44. Ils se marieront. _____

45. Donnez-moi! _____

46. Partons! _____

47. En descendant. _____

48. Afin qu'il soit. _____

49. Vous demeuriez. _____

50. Ils ont fini. _____

MASTERY EXCERCISE

Translate the underlined words into English.

1. "Est-ce un si grand mal d'être entendu quand on parle, et
   de parler comme tout le monde?"   ——La Bruyère

   _____

2. "Comptons comme un pur néant tout ce qui finit"   ——Bossuet

3. "Il ne faut pas vendre la peau de l'ours avant qu'on l'ait
   pris"   ——Proverbe

   _____

4. "Aide-toi, et le ciel t'aidera"   ——Proverbe

   _____

5. "La cigale ayant chanté tout l'été se trouva fort dépourvue
   quand la bise fut venue."   ——La Fontaine

   _____

6. "Il n'est pas donné à l'homme de porter plus loin la vertu
   que Saint Louis"   ——Voltaire

   _____

7. "Il coûte si peu aux grands à ne donner que des paroles."
   ——La Bruyère.

   _____

8. "Combien tout ce que l'on dit est loin de ce qu'on pense."
   ——Racine

   _____

9. "Alexandre pleura de n'avoir point d'Homère."   ——Delille

   _____

10. "Sortant d'un embarras pour entrer dans un autre."   ——Molière

    _____

11. "Tout vous a réussi."   ——Racine

    _____

Mastery exercise (con't)

12. "Un peuple libre <u>obéit</u>, mais il ne sert pas; il a des chefs et non des maîtres." ——Jean-Jacques Rousseau

_____

13. "<u>Ne forçons point</u> notre talent." ——La Fontaine

_____

14. "Et le cri de son peuple <u>est monté</u> jusqu'à lui." ——Racine

_____

15. "<u>Levez-vous</u> vite, orages désirés, qui devez emporter René dans les espaces enchantés." ——Chateaubriand

_____

16. "<u>J'ai tendu</u> des cordes de clocher à clocher; des guirlandes de fenêtre à fenêtre; des chaînes d'or d'étoile à étoile, et je danse." ——Rimbaud

_____

17. "On lui avait demandé s'il dansait bien, et <u>il avait répondu</u> avec confiance, qui <u>donna envie de trouver qu'il dansait mal</u>." ——Saint-Simon

_____

_____

18. "<u>Il y a</u> folie à tout âge." ——Proverbe

_____

19. "Mais <u>il arriva</u> que le petit prince, <u>ayant longtemps marché</u> à travers les sables, les rocs et les neiges, <u>découvrit</u> enfin une route. Et les routes vont toujours chez les hommes." ——Saint-Exupéry

_____

_____

17.   -CER CHANGE C TO ç

Verbs in -cer change c to ç before a or o to retain the soft s sound.

commencer   (to begin)

Present	Imperfect	Passé simple
je commence	je commençais	je commençai
tu commences	tu commençais	tu commenças
il commence	il commençait	il commença
nous commençons	nous commencions	nous commençâmes
vous commencez	vous commenciez	vous commençâtes
ils commencent	ils commençaient	ils commencèrent

OTHER SIMILAR VERBS

annoncer	(to announce)
avancer	(to advance)
forcer	(to force)
lancer	(to throw, to launch)
menacer	(to threaten)
percer	(to pierce)
placer	(to place)
prononcer	(to pronounce)
remplacer	(to replace)

18.   -GER VERBS THAT ADD A MUTE E

Verbs in -ger add a mute e before an a or an o, to retain the soft g sound.

changer   (to change)

Present	Imperfect	Passé simple
je change	je changeais	je changeai
tu changes	tu changeais	tu changeas
il change	il changeait	il changea
nous changeons	nous changions	nous changeâmes
vous changez	vous changiez	vous changeâtes
ils changent	ils changeaient	ils changèrent

OTHER SIMILAR VERBS

arranger	(to arrange)
bouger	(to move)
corriger	(to correct)
diriger	(to direct)
échanger	(to exchange)
interroger	(to interrogate)
juger	(to judge)
loger	(to live, to lodge)
manger	(to eat)
nager	(to swim)
neiger	(to snow)
partager	(to share)
songer	(to dream, to think of)
voyager	(to travel)

19. VERBS WITH A MUTE E THAT CHANGES INTO È

Verbs with a mute e in the syllable before the infinitive ending change the mute e to è when the next syllable contains a mute e.

acheter   (to buy)

Present	Imperfect	Future
j'achète	j'achetais	j'achèterai
tu achètes	tu achetais	tu achèteras
il achète	il achetait	il achètera
nous achetons	nous achetions	nous achèterons
vous achetez	vous achetiez	vous achèterez
ils achètent	ils achetaient	ils achèteront

OTHER SIMILAR VERBS

achever	(to finish)
amener	(to bring)
élever	(to erect)
emmener	(to lead away)
enlever	(to remove)
geler	(to freeze)
lever	(to raise)
mener	(to lead)
peser	(to weigh)
se promener	(to take a walk)

20. VERBS WITH AN É THAT CHANGES INTO È

Verbs with an é in the last syllable before the infinitive ending
change the é to è when that syllable is stressed. They keep
the é in the future and conditional.

espérer   (to hope)

Present	Imperfect	Future
j'espère	j'espérais	j'espérerai
tu espères	tu espérais	tu espéreras
il espère	il espérait	il espérera
nous espérons	nous espérions	nous espérerons
vous espérez	vous espériez	vous espérerez
ils espèrent	ils espéraient	ils espéreront

OTHER SIMILAR VERBS

céder	(to yield)
célébrer	(to celebrate)
compléter	(to complete)
considérer	(to consider)
exagérer	(to exaggerate)
inquiéter	(to worry)
posséder	(to possess)
préférer	(to prefer)
répéter	(to repeat)
suggérer	(to suggest)

21. VERBS IN -OYER and -UYER THAT CHANGE Y INTO I

Verbs in -oyer and -uyer change y into i before e.

    envoyer (to send)   ennuyer   (to annoy)

Present

j'envoie	j'ennuie
tu envoies	tu ennuies
il envoie	il ennuie
nous envoyons	nous ennuyons
vous envoyez	vous ennuyez
ils envoient	ils ennuient

OTHER SIMILAR VERBS

aboyer	(to bark)
appuyer	(to lean, to bear)
ennuyer	(to annoy)
envoyer	(to send)
essuyer	(to wipe)
nettoyer	(to clean)

22. VERBS IN ELER OR ETER THAT DOUBLE THE CONSONANT

Verbs in -eler or -eter double the consonant when the next syllable contains a mute e.

Present Indicative

appeler (to call)	jeter (to throw)
j'appelle	je jette
tu appelles	tu jettes
il appelle	il jette
nous appelons	nous jetons
vous appelez	vous jetez
ils appellent	ils jettent

OTHER SIMILAR VERBS

épeler	(to spell)
projeter	(to project)
rappeler	(to recall)
renouveler	(to renew)

EXERCISES

1. Put the verbs in parentheses in the present indicative.

    1. Nous (placer) _____

    2. Je (geler)_____

    3. Il (acheter)_____

    4. Vous (préférer)_____

    5. Tu (céder)_____

    6. Vous (envoyer)_____

    7. Il (aboyer)_____

    8. Elle (nettoyer)_____

    9. Nous (épeler)_____

10. Il (rappeler)_____

11. Je (céder)_____

12. Nous (célébrer)_____

13. Ils (répéter)_____

14. Vous (mener)_____

15. Tu (achever)_____

16. Nous (nager)_____

17. Vous (voyager)_____

18. Nous (échanger)_____

19. Il (suggérer)_____

20. Je (bouger)_____

2. Put the verbs in parentheses in the imperfect.

1. Je (partager)_____

2. Nous (voyager)_____

3. Ils (prononcer) _____

4. Tu (avancer)_____

5. Il (appeler)_____

6. Vous (commencer)_____

7. Tu (annoncer)_____

8. Vous (bouger)_____

9. Ils (diriger)_____

10. Il (élever)_____

11. Elles (appeler)_____

12. Vous (suggérer)_____

13. Nous (amener)_____

14. Vous (interroger)_____

15. Ils (loger)_____

16. Nous (songer)_____

17. Tu (manger)_____

18. Il (neiger)_____

19. J' (arranger)_____

20. Ils (voyager)_____

3. Put the verbs in parentheses in the tense and person indicated.

1. <u>Present</u>: Je (commencer)_____

2. <u>Future</u>: Il (acheter)_____

3. <u>Imperfect</u>: Il (corriger) _____

4. <u>Passé Simple</u>: Je (juger)_____

5. <u>Future</u>: Il (menacer)_____

6. <u>Imperfect</u>: Vous (interroger)_____

7. <u>Passé simple</u>: Nous (songer)_____

8. <u>Present</u>: Il (posséder)_____

9. <u>Present</u>: J' (ennuyer)_____

10. <u>Present</u>: Tu (jeter)_____

11. <u>Future</u>: Nous (renouveler)_____

12. <u>Imperfect</u>: Ils (interroger)_____

13. <u>Passé simple</u>: Nous (voyager)_____

14. <u>Future</u>: Je (céder)_____

15. <u>Imperfect</u>: Nous (projeter)_____

16. <u>Present</u>: Nous (envoyer)_____

17. <u>Present</u>: Il (appuyer)_____

18. <u>Imperfect</u>: Il (appeler)_____

19. <u>Passé simple</u>: Il (neiger)_____

20. <u>Imperfect</u>: Il (avancer)_____

23. ÊTRE AND AVOIR

(all tenses)

	être (to be)	avoir (to have)
Infinitive	être (to be)	avoir (to have)
Present Participle	étant	ayant
Past Participle	été	eu
Present Indicative	je suis tu es il est nous sommes vous êtes ils sont	j'ai tu as il a nous avons vous avez ils ont
Imperfect	j'étais tu étais il était nous étions vous étiez ils étaient	j'avais tu avais il avait nous avions vous aviez ils avaient
Future	je serai tu seras il sera nous serons vous serez ils seront	j'aurai tu auras il aura nous aurons vous aurez ils auront
Conditional	je serais tu serais il serait nous serions vous seriez ils seraient	j'aurais tu aurais il aurait nous aurions vous auriez ils auraient
Passé Composé	j'ai été tu as été il a été nous avons été vous avez été ils ont été	j'ai eu tu as eu il a eu nous avons eu vous avez eu ils ont eu

être and avoir (con't)

Passé Simple	je fus	j'eus
	tu fus	tu eus
	il fut	il eut
	nous fûmes	nous eûmes
	vous fûtes	vous eûtes
	ils furent	ils eurent

Present Subjunctive	que je sois	que j'aie
	que tu sois	que tu aies
	qu'il soit	qu'il ait
	que nous soyons	que nous ayons
	que vous soyez	que vous ayez
	qu'ils soient	qu'ils aient

Imperfect Subjunctive	que je fusse	que j'eusse
	que tu fusses	que tu eusses
	qu'il fût	qu'il eût
	que nous fussions	que nous eussions
	que vous fussiez	que vous eussiez
	qu'ils fussent	qu'ils eussent

Imperative	sois!	aie!
	soyons!	ayons!
	soyez!	ayez!

EXERCISES

1. Conjugate the verb <u>être</u> in the passé simple.

je _____

tu _____

il _____

nous _____

vous _____

ils _____

2. Conjugate the verb <u>avoir</u> in the passé simple.

j' _____

tu _____

il _____

nous _____

vous _____

ils _____

3. Conjugate the verb <u>être</u> in the present subjunctive.

que je _____

que tu _____

qu'il _____

que nous _____

que vous _____

qu'ils _____

Exercises (con't)

4. Conjugate the verb <u>avoir</u> in the present subjunctive.

que j' _____

que tu _____

qu'il _____

que nous _____

que vous _____

qu'ils _____

5. Translate into French:

1. I was. _____

2. I had. _____

3. You have been. _____

4. He has had. _____

5. We have been. _____

6. He used to have. _____

7. I shall be. _____

8. You will have. _____

9. I would have. _____

10. Let us be. _____

11. They were having. _____

12. Being. _____

Exercises (con't)

13. That I may be._____

14. That you may have._____

15. That you might be._____

16. They will be._____

17. That we might have._____

18. He used to be._____

19. He had._____

20. We have had._____

24. COMPOUND TENSES WITH AVOIR

Compound tenses are formed as in English, by combining various tenses of <u>avoir</u> and <u>être</u> with the past particle, just as the passé composé (lesson 12) is formed with the present tense of these verbs.

Past Infinitive

        avoir parlé   (to have spoken)

Participle Passé Composé

        ayant parlé   (having spoken)

Passé Composé

        j'ai parlé   (I have spoken)
        tu as parlé
        il a parlé
        nous avons parlé
        vous avez parlé
        ils ont parlé

Pluperfect Indicative

        j'avais parlé   (I had been speaking)
        tu avais parlé
        il avait parlé
        nous avions parlé
        vous aviez parlé
        ils avaient parlé

Past Perfect Indicative

        j'eus parlé   (I had spoken)
        tu eus parlé
        il eut parlé
        nous eûmes parlé
        vous eûtes parlé
        ils eurent parlé

Compound tenses with avoir (con't)

Future Perfect

        j'aurai parlé   (I will have spoken)
        tu auras parlé
        il aura parlé
        nous aurons parlé
        vous aurez parlé
        ils auront parlé

Conditional Perfect

        j'aurais parlé   (I would have spoken)
        tu aurais parlé
        il aurait parlé
        nous aurions parlé
        vous auriez parlé
        ils auraient parlé

Perfect Subjunctive

        que j'aie parlé   (that I may have spoken)
        que tu aies parlé
        qu'il ait parlé
        que nous ayons parlé
        que vous ayez parlé
        qu'ils aient parlé

Pluperfect Subjunctive

        que j'eusse parlé   (that I might have spoken)
        que tu eusses parlé
        qu'il eût parlé
        que nous eussions parlé
        que vous eussiez parlé
        qu'ils eussent parlé

25. COMPOUND TENSES WITH ÊTRE

Past Infinitive

   être arrivé   (to have arrived)

Participle Passé composé

   étant arrivé   (having arrived)

Passé Composé

   je suis arrivé   (I have arrived)
   tu es arrivé
   il est arrivé
   nous sommes arrivés
   vous êtes arrivés
   ils sont arrivés

Pluperfect Indicative

   j'étais arrivé   (I had been arriving)
   tu étais arrivé
   il était arrivé
   nous étions arrivés
   vous étiez arrivés
   ils étaient arrivés

Past Perfect Indicative

   je fus arrivé   (I had arrived)
   tu fus arrivé
   il fut arrivé
   nous fûmes arrivés
   vous fûtes arrivés
   ils furent arrivés

Future Perfect

   je serai arrivé   (I shall have arrived)
   tu seras arrivé
   il sera arrivé
   nous serons arrivés
   vous serez arrivés
   ils seront arrivés

Compound tenses with être (con't)

Conditional Perfect

        je serais arrivé   (I would have arrived)
        tu serais arrivé
        il serait arrivé
        nous serions arrivés
        vous seriez arrivés
        ils seraient arrivés

Perfect Subjunctive

        que je sois arrivé   (that I may have arrived)
        que tu sois arrivé
        qu'il soit arrivé
        que nous soyons arrivés
        que vous soyez arrivés
        qu'ils soient arrivés

Pluperfect Subjunctive

        que je fusse arrivé   (that I might have arrived)
        que tu fusses arrivé
        qu'il fût arrivé
        que nous fussions arrivés
        que vous fussiez arrivés
        qu'ils fussent arrivés

MASTERY EXERCISES

1. Translate into English:

    1. J'avais admiré._____

    2. Il aurait aimé._____

    3. Il a étudié._____

    4. J'aurais fini._____

    5. Nous avons joué. _____

    6. Nous avons perdu._____

    7. Tu auras trouvé._____

    8. Il eut donné._____

    9. Il eût donné._____

    10. Nous eussions espéré._____

    11. Vous seriez arrivé._____

    12. Je suis allé._____

    13. J'étais arrivé._____

    14. J'ai été._____

    15. Tu avais attendu._____

    16. Ils s'étaient trompés._____

    17. Ils auraient déclaré._____

    18. Ils s'étaient arrêtés._____

    19. Il faut que vous étudiez. _____

Mastery Exercises (Con't)

2. Translate into French:

1. You would have gone down. _____

2. He will sell. _____

3. We might have bought. _____

4. We had been sleeping. _____

5. He would have heard. _____

6. You had hoped. _____

7. He had arrived. _____

8. I was coming down. _____

9. He had been saying. _____

10. We would have studied. _____

11. I have had. _____

12. We have been. _____

13. You will have finished. _____

14. They would have gotten up. _____

15. I will have waited. _____

16. He would have arrived. _____

17. I had arrived. _____

18. You had waited. _____

19. You would have waited. _____

20. He said that he might have spoken. _____

_____

26. PASSIVE VOICE

In the active voice, the subject performs the action, while in the passive voice, it receives the action.

Active voice: Jean aime Marie   (John loves Mary.)

Passive voice: Marie est aimée   (Mary is loved [by John].)
                (par Jean).

The passive voice is formed by combining the past participle of a verb with the verb être.

je suis aimé   (I am loved [or liked].)

tu es aimé

il est aimé

nous sommes aimés

vous êtes aimés

ils sont aimés

English passive expressions cannot be translated literally into French, but as follows:

French is spoken here.   (Ici, on parle français.)

My car was stolen.   (On a volé mon auto.)

Books are sold in bookstores.   (On vend des livres dans les
                                 librairies.)

Peace was signed.   (On a signé la paix.)

I was pleased.   (Cela m'a fait plaisir.)

This newspaper is read a lot.   (Ce journal se lit beaucoup.)

EXERCISE

Translate the following sentences into English.

1. On a corrigé les erreurs.

   _____

2. La fenêtre est ouverte.

   _____

3. Il a été dit beaucoup de choses.

   _____

4. Ce livre se vend dans toutes les librairies.

   _____

5. En France, on va au bureau de poste pour envoyer un télé-
   gramme.

   _____

6. Le sénateur est accompagné de sa femme.

   _____

7. La maison sera construite cette année.

   _____

8. On a signé un armistice.

   _____

9. On a terminé la guerre.

   _____

10. Cela a été décidé hier.

    _____

PART II
Irregular Verbs

27. VOULOIR - 28. POUVOIR - 29. SAVOIR

	27	28	29
Infinitive	vouloir (to wish, want)	pouvoir (to be able, can)	savoir (to know)
Present Participle	voulant	pouvant	sachant
Past Participle	voulu	pu	su
Present Indicative	je veux tu veux il veut nous voulons vous voulez ils veulent	je peux or puis tu peux il peut nous pouvons vous pouvez ils peuvent	je sais tu sais il sait nous savons vous savez ils savent
Imperfect Indicative	je voulais tu voulais il voulait nous voulions vous vouliez ils voulaient	je pouvais tu pouvais il pouvait nous pouvions vous pouviez ils pouvaient	je savais tu savais il savait nous savions vous saviez ils savaient
Future	je voudrai tu voudras il voudra nous voudrons vous voudrez ils voudront	je pourrai tu pourras il pourra nous pourrons vous pourrez ils pourront	je saurai tu sauras il saura nous saurons vous saurez ils sauront
Conditional	je voudrais tu voudrais il voudrait nous voudrions vous voudriez ils voudraient	je pourrais tu pourrais il pourrait nous pourrions vous pourriez ils pourraient	je saurais tu saurais il saurait nous saurions vous sauriez ils sauraient

vouloir, pouvoir, and savoir (con't)

Passé Simple

vouloir	pouvoir	savoir
je voulus	je pus	je sus
tu voulus	tu pus	tu sus
il voulut	il put	il sut
nous voulûmes	nous pûmes	nous sûmes
vous voulûtes	vous pûtes	vous sûtes
ils voulurent	ils purent	ils surent

Passé Composé

j'ai voulu	j'ai pu	j'ai su
tu as voulu	tu as pu	tu as su
il a voulu	il a pu	il a su
nous avons voulu	nous avons pu	nous avons su
vous avez voulu	vous avez pu	vous avez su
ils ont voulu	ils ont pu	ils ont su

Present Subjunctive

que je veuille	que je puisse	que je sache
que tu veuilles	que tu puisses	que tu saches
qu'il veuille	qu'il puisse	qu'il sache
que nous voulions	que nous puissions	que nous sachions
que vous vouliez	que vous puissiez	que vous sachiez
qu'ils veuillent	qu'ils puissent	qu'ils sachent

Imperfect Subjunctive

que je voulusse	que je pusse	que je susse
que tu voulusses	que tu pusses	que tu susses
qu'il voulût	qu'il pût	qu'il sût
que nous voulussions	que nous pussions	que nous sussions
que vous voulussiez	que vous pussiez	que vous sussiez
qu'ils voulussent	qu'ils pussent	qu'ils sussent

Imperative

vouloir	pouvoir	savoir
veuille!	(These forms are very formal.)	sache!
veuillons!		sachons!
veuillez!		sachez!

NOTE: There are two forms of the first person singular of pouvoir: je peux and je puis.

Puis-je entrer?	(May I come in)
Est-ce que je peux entrer?	(May I come in)

The present tense of pouvoir is often translated by I can.

Pouvez-vous me prêter un dollar? (Can you lend me a dollar?)

Complete each sentence with the present tense of the verb in parentheses.

1. (pouvoir) Vous_____entrer.

2. (vouloir) _____ -vous du sucre?

3. (pouvoir) _____ -je entrer?

4. (savoir) Je _____ ma leçon.

5. (savoir) Ils ne _____pas danser.

6. (vouloir) Je_____de l'eau.

7. (pouvoir) Il_____écrire au président.

8. (savoir) Il le_____.

9. (pouvoir) Nous _____nous reposer demain.

10. (savoir) Tu_____jouer au tennis.

11. (vouloir) Ils_____aller au cinéma.

MASTERY EXERCISES

1. Translate into French:

1. I want._____

2. I can._____

3. He knew._____

4. We used to know._____

5. I have been able._____

6. We could._____

7. He would like to._____

8. I shall know._____

9. We have known._____

10. He was able._____

Mastery Exercises (cont'd)

2. Translate into English:

1. Je veux._____

2. Il pouvait._____

3. Nous saurons._____

4. Il put._____

5. Qu'il sût._____

6. Nous voulions._____

7. Il saurait._____

8. Nous sûmes._____

9. Ils ont pu._____

10. Vous voulûtes._____

11. Puis-je?_____

12. Je sais._____

13. Sache!_____

14. Ils peuvent._____

15. Nous voudrions._____

16. Qu'il veuille._____

17. Que nous puissions._____

18. Que vous sussiez._____

19. Su._____

20. Pouvant._____

	30	31	32
Infinitive	dormir (to sleep)	prendre (to take)	ouvrir (to open)
Present Participle	dormant	prenant	ouvrant
Past Participle	dormi	pris	ouvert
Present Indicative	je dors	je prends	j'ouvre
	tu dors	tu prends	tu ouvres
	il dort	il prend	il ouvre
	nous dormons	nous prenons	nous ouvrons
	vous dormez	vous prenez	vous ouvrez
	ils dorment	ils prennent	ils ouvrent
Imperfect Indicative	je dormais	je prenais	j'ouvrais
	tu dormais	tu prenais	tu ouvrais
	il dormait	il prenait	il ouvrait
	nous dormions	nous prenions	nous ouvrions
	vous dormiez	vous preniez	vous ouvriez
	ils dormaient	ils prenaient	ils ouvraient
Future	je dormirai	je prendrai	j'ouvrirai
	tu dormiras	tu prendras	tu ouvriras
	il dormira	il prendra	il ouvrira
	nous dormirons	nous prendrons	nous ouvrirons
	vous dormirez	vous prendrez	vous ouvrirez
	ils dormiront	ils prendront	ils ouvriront
Conditional	je dormirais	je prendrais	j'ouvrirais
	tu dormirais	tu prendrais	tu ouvrirais
	il dormirait	il prendrait	il ouvrirait
	nous dormirions	nous prendrions	nous ouvririons
	vous dormiriez	vous prendriez	vous ouvririez
	ils dormiraient	ils prendraient	ils ouvriraient

dormir, prendre, and ouvrir (con't)

Passé Simple

je dormis	je pris	j'ouvris
tu dormis	tu pris	tu ouvris
il dormit	il prit	il ouvrit
nous dormîmes	nous prîmes	nous ouvrîmes
vous dormîtes	vous prîtes	vous ouvrîtes
ils dormirent	ils prirent	ils ouvrirent

Passé Composé

j'ai dormi	j'ai pris	j'ai ouvert
tu as dormi	tu as pris	tu as ouvert
il a dormi	il a pris	il a ouvert
nous avons dormi	nous avons pris	nous avons ouvert
vous avez dormi	vous avez pris	vous avez ouvert
ils ont dormi	ils ont pris	ils ont ouvert

Present Subjunctive

que je dorme	que je prenne	que j'ouvre
que tu dormes	que tu prennes	que tu ouvres
qu'il dorme	qu'il prenne	qu'il ouvre
que nous dormions	que nous prenions	que nous ouvrions
que vous dormiez	que vous preniez	que vous ouvriez
qu'ils dorment	qu'ils prennent	qu'ils ouvrent

Imperfect Subjunctive

que je dormisse	que je prisse	que j'ouvrisse
que tu dormisses	que tu prisses	que tu ouvrisses
qu'il dormît	qu'il prît	qu'il ouvrît
que nous dormissions	que nous prissions	que nous ouvrissions
que vous dormissiez	que vous prissiez	que vous ouvrissiez
qu'ils dormissent	qu'ils prissent	qu'ils ouvrissent

Imperative

dors!	prends!	ouvre!
dormons!	prenons!	ouvrons!
dormez!	prenez!	ouvrez!

VERBS CONJUGATED LIKE DORMIR

partir   (to go away)

sortir   (to go out)

servir   (to serve)

sentir   (to feel, to smell)

VERBS CONJUGATED LIKE PRENDRE

apprendre   (to learn)

comprendre   (to understand)

reprendre   (to take back)

surprendre   (to surprise)

VERBS CONJUGATED LIKE OUVRIR

recouvrir   (to cover again)

découvrir   (to discover)

offrir   (to offer)

EXERCISE

Write the following verbs in the tense and person indicated.

Present Indicative

        (dormir) Je_____

        (prendre) Nous_____

        (ouvrir) Ils_____

Imperfect

        (sortir) Je_____

        (offrir) Il_____

        (prendre) Nous_____

        (comprendre) Vous_____

Future

        (ouvrir) Il_____

        (prendre) Je_____

        (servir) Vous_____

        (découvrir) Ils_____

Passé Simple

        (dormir) Il_____

        (comprendre) Je_____

        (offrir) Vous_____

        (recouvrir) Ils_____

Present Subjunctive

        (ouvrir) Qu'il_____

        (prendre) Que nous_____

        (sortir) Qu'ils_____

        (apprendre) Que tu_____

Exercise (con't)

<u>Past Participle</u>

        (sortir)_____

        (apprendre)_____

        (dormir)_____

<u>Imperfect Subjunctive</u>

        (apprendre) que j'_____

        (dormir) que nous_____

        (ouvrir) qu'ils_____

MASTERY EXERCISES

1. Translate into English:

   1. Je partis._____

   2. Nous comprenions._____

   3. Vous sentirez._____

   4. Il a pris._____

   5. Il ouvrira._____

   6. J'ai découvert._____

   7. Il offrirait._____

   8. Que nous nous comprenions._____

   9. Que vous dormiez._____

 10. Tu reprends._____

 11. Je dors._____

 12. Qu'il dormît._____

 13. Ouvrez!_____

 14. Il surprenait._____

 15. Je surpris._____

 16. Il a compris._____

 17. Nous sommes sortis._____

 18. Il est parti._____

 19. Il partit._____

 20. Tu pars._____

 21. Nous offririons._____

2. Translate into French:

1. I am leaving. _____

2. He is sleeping. _____

3. We took. _____

4. He has taken. _____

5. They will understand. _____

6. They do understand. _____

7. He was serving. _____

8. That he may feel. _____

9. That we might go out. _____

10. I shall offer. _____

11. I do offer. _____

12. I am taking. _____

13. He took. _____

14. We left. _____

15. You have gone out. _____

16. He has slept. _____

17. We feel. _____

18. Go out! _____

19. Let us leave! _____

20. He opened. _____

	33	34	35
Infinitive	aller (to go)	venir (to come)	voir (to see)
Present Participle			
	allant	venant	voyant
Past Participle			
	allé	venu	vu
Present Indicative			
	Je vais	je viens	je vois
	tu vas	tu viens	tu vois
	il va	il vient	il voit
	nous allons	nous venons	nous voyons
	vous allez	vous venez	vous voyez
	ils vont	ils viennent	ils voient
Imperfect Indicative			
	j'allais	je venais	je voyais
	tu allais	tu venais	tu voyais
	il allait	il venait	il voyait
	nous allions	nous venions	nous voyions
	vous alliez	vous veniez	vous voyiez
	ils allaient	ils venaient	ils voyaient
Future			
	j'irai	je viendrai	je verrai
	tu iras	tu viendras	tu verras
	il ira	il viendra	il verra
	nous irons	nous viendrons	nous verrons
	vous irez	vous viendrez	vous verrez
	ils iront	ils viendront	ils verront
Conditional			
	j'irais	je viendrais	je verrais
	tu irais	tu viendrais	tu verrais
	il irait	il viendrait	il verrait
	nous irions	nous viendrions	nous verrions
	vous iriez	vous viendriez	vous verriez
	ils iraient	ils viendraient	ils verraient

The asterisk (*) indicates that the verb is conjugated with the auxiliary verb être.

aller,* venir,* voir (con't)

Passé Simple

j'allai	je vins	je vis
tu allas	tu vins	tu vis
il alla	il vint	il vit
nous allâmes	nous vînmes	nous vîmes
vous allâtes	vous vîntes	vous vîtes
ils allèrent	ils vinrent	ils virent

Passé Composé

je suis allé	je suis venu	j'ai vu
tu es allé	tu es venu	tu as vu
il est allé	il est venu	il a vu
nous sommes allés	nous sommes venus	nous avons vu
vous êtes allés	vous êtes venus	vous avez vu
ils sont allés	ils sont venus	ils ont vu

Present Subjunctive

que j'aille	que je vienne	que je voie
que tu ailles	que tu viennes	que tu voies
qu'il aille	qu'il vienne	qu'il voie
que nous allions	que nous venions	que nous voyions
que vous alliez	que vous veniez	que voyiez
qu'ils aillent	qu'ils viennent	qu'ils voient

Imperfect Subjunctive

que j'allasse	que je vinsse	que je visse
que tu allasses	que tu vinsses	que tu visses
qu'il allât	qu'il vînt	qu'il vît
que nous allassions	que nous vinssions	que nous vissions
que vous allassiez	que vous vinssiez	que vous vissiez
qu'ils allassent	qu'ils vinssent	qu'il vissent

Imperative

va!	viens!	vois!
allons!	venons!	voyons!
allez!	venez!	voyez!

IDIOMATIC EXPRESSIONS WITH THE VERB ALLER

Comment allez-vous?	(How are you?)
Je vais bien	(I am fine)
Il va travailler	(He is going to work)
Cette robe lui va bien	(This dress suits her well)

VERBS CONJUGATED LIKE VENIR

devenir	(to become)
revenir	(to come back)

VERBS CONJUGATED LIKE VOIR

apercevoir	(to catch sight of)
revoir	(to see again)

EXERCISES

1. Write the following verbs in the tense and person indicated:

Present Indicative

        (aller) Je _____

        (venir) Il _____

        (voir) Nous_____

        (aller) Vous_____

        (revenir) Je_____

Imperfect

        (venir) Je_____

        (aller) Tu_____

        (voir) Nous_____

        (apercevoir) J'_____

        (devenir) Vous_____

Future

        (revoir) Tu_____

        (venir) Il_____

        (aller) J'_____

        (voir) Nous_____

        (revenir) Ils_____

Passé Composé

        (voir) J'_____

        (aller) Nous_____

        (venir) Ils_____

        (revoir) Nous_____

        (aller) Tu_____

Exercises (con't)

<u>Passé Simple</u>

      (aller) Il_____

      (voir) Je_____

      (voir) Nous_____

      (venir) Je_____

      (voir) Ils_____

<u>Present Subjunctive</u>

      (voir) Que je_____

      (aller) Qu'il_____

      (venir) Que nous_____

      (devenir) Qu'ils_____

      (revoir) Que vous_____

Exercises (con't)

2. Translate into English:

   1. Il vit._____ _____

   2. Je vois._____

   3. Il allait._____

   4. Nous venons._____

   5. Je verrai._____

   6. Il alla._____

   7. Nous avons vu._____

   8. Nous sommes venus._____

   9. Je suis devenu._____

  10. Allons enfants de la patrie!_____

  11. Il vient d'entrer._____

  12. Il va venir._____

  13. Venez voir._____

  14. Nous allons bien._____

  15. Ce chapeau vous va bien._____

  16. Revenez nous voir._____

  17. Voyons!_____

  18. Nous irons au bois._____

  19. Malbrough s'en va-t-en guerre._____

  20. Il reviendra à Pâques.(Easter)__ _____

Exercises (con't)

3. Translate into French:

1. I saw._____

2. He went to school._____

3. We are going to learn French._____

4. How is he?_____

5. Go to see him!_____

6. We have seen._____

7. I will return. _____

8. We used to go to France._____

9. He will come back soon._____

10. What has become of him?_____

11. Everything goes well._____

12. We were seeing._____

13. He has seen._____

14. Come here!_____

15. I am coming._____

16. He came._____

17. You will come back._____

18. I see._____

19. The red dress suits her well._____

20. It goes well with her hat._____

MASTERY EXERCISE

Translate the underlined words into English.

1. "Je suis venu, calme orphelin,
   Riche de mes seuls yeux tranquilles,
   Vers les hommes des grandes villes;
   Ils ne m'ont pas trouvé malin."

                                        —Verlaine

   _____

   _____

2. "Vous verrez dans une seule vie toutes les extrémités
   des choses humaines,"

                                        — Bossuet

   _____

3. "Quiconque a beaucoup vu
   Peut avoir beaucoup retenu."

                                        —La Fontaine

   _____

4. "Tout le monde ne sait pas voir."   —Fontenelle

   _____

5. "La plus grande ville que le soleil eût jamais vue."

                                        —Bossuet

   _____

6. "Les grandes pensées viennent du coeur."

                                        —Vauvenargues

   _____

7. "Je crains que ce groupe ne vienne pas assez sur
   le devant."
                                        —Didier

   _____

8. "Du haut de ce balcon votre malheureux frère vint tomber
   tout sanglant."   —Delille

9. "Va, je ne te hais pas."   —Corneille

   _____

10. "Tout ce que je fais me vient naturellement, c'est sans
    étude."   —Molière

   _____

- 96 -

36	37	38
Infinitive faire (to do, make)	mettre (to put)	connaître (to know)

Present Participle

faisant	mettant	connaissant

Past Participle

fait	mis	connu

Present Indicative

je fais	je mets	je connais
tu fais	tu mets	tu connais
il fait	il met	il connaît
nous faisons	nous mettons	nous connaissons
vous faites	vous mettez	vous connaissez
ils font	ils mettent	ils connaissent

Imperfect Indicative

je faisais	je mettais	je connaissais
tu faisais	tu mettais	tu connaissais
il faisait	il mettait	il connaissait
nous faisions	nous mettions	nous connaissions
vous faisiez	vous mettiez	vous connaissiez
ils faisaient	ils mettaient	ils connaissaient

Future

je ferai	je mettrai	je connaîtrai
tu feras	tu mettras	tu connaîtras
il fera	il mettra	il connaîtra
nous ferons	nous mettrons	nous connaîtrons
vous ferez	vous mettrez	vous connaîtrez
ils feront	ils mettront	ils connaîtront

faire, mettre, connaître (con't)

Conditional

Je ferais	je mettrais	je connaîtrais
tu ferais	tu mettrais	tu connaîtrais
il ferait	il mettrait	il connaîtrait
nous ferions	nous mettrions	nous connaîtrions
vous feriez	vous mettriez	vous connaîtriez
ils feraient	ils mettraient	ils connaîtraient

Passé Simple

je fis	je mis	je connus
tu fis	tu mis	tu connus
il fit	il mit	il connut
nous fîmes	nous mîmes	nous connûmes
vous fîtes	vous mîtes	vous connûtes
ils firent	ils mirent	ils connurent

Passé Composé

j'ai fait	j'ai mis	j'ai connu
tu as fait	tu as mis	tu as connu
il a fait	il a mis	il a connu
nous avons fait	nous avons mis	nous avons connu
vous avez fait	vous avez mis	vous avez connu
ils ont fait	ils ont mis	ils ont connu

Present Subjunctive

que je fasse	que je mette	que je connaisse
que tu fasses	que tu mettes	que tu connaisses
qu'il fasse	qu'il mette	qu'il connaisse
que nous fassions	que nous mettions	que nous connaissions
que vous fassiez	que vous mettiez	que vous connaissiez
qu'ils fassent	qu'ils mettent	qu'ils connaissent

Imperfect Subjunctive

que je fisse	que je misse	que je connusse
que tu fisses	que tu misses	que tu connusses
qu'il fît	qu'il mît	qu'il connût
que nous fissions	que nous missions	que nous connussions
que vous fissiez	que vous missiez	que vous connussiez
qu'ils fissent	qu'ils missent	qu'ils connussent

Imperative

fais!	mets!	connais!
faisons!	mettons!	connaissons!
faites!	mettez!	connaissez!

COMMON VERBS CONJUGATED LIKE METTRE

commettre	(to commit)
permettre	(to allow)
promettre	(to promise)
remettre	(to put back)

COMMON VERBS CONJUGATED LIKE CONNAÎTRE

apparaître	(to appear)
disparaître	(to disappear)
paraître	(to seem)
reconnaître	(to recognize)

IDIOMATIC USES OF FAIRE

The verb _faire_ is one of the most used verbs in the French language. It is used to express many actions.

Faire attention	(to mind)
Faire la cuisine	(to cook)
Faire la cour	(to court)
Faire de l'exercice	(to exercise)
Faire une promenade	(to take a walk)
Faire la chambre	(to clean the room)
Faire le lit	(to make the bed)
Faire la lessive	(to do the washing)
Faire de la peinture	(to paint)
Faire de la couture	(to sew)
Faire la vaisselle	(to wash the dishes)
Faire du ski	(to ski)
Faire de la musique	(to make music)
Faire de la bicyclette	(to ride a bicycle)
Faire de la photographie	(to be into photography)
Faire de la poésie	(to write poetry)
Faire son droit	(to study law)
Faire une course	(to do an errand)
Faire le marché	(to go grocery shopping)
Faire de la vitesse	(to speed)
Faire du cent à l'heure	(to go a hundred kilometers an hour)
Faire les cartes	(to read the cards)
Faire ses chaussures	(to polish one's shoes)
Faire une malle	(to pack a trunk)
Faire le mort	(to play possum)
Faire plaisir	(to please)
Faire de la peine	(to hurt someone's feelings)
Faire peur	(to frighten)
Faire mal	(to hurt)
Faire du mal	(to harm)
Faire du bien	(to do some good)
Faire partie de	(to belong to)
Faire une partie de tennis	(to play a game of tennis)
Faire des pieds et des mains	(to move heaven and earth)
Faire la pluie et le beau temps	(to get one's way)
Chemin faisant	(on the road)
Vous êtes fait!	(you've had it!)
Ne pas s'en faire	(not to worry)
Se faire beau	(to dress up)
Il fait froid	(it's cold)
Il fait jour	(it is daylight)
Il fait noir	(it's dark)
Il se fait tard	(it's getting late)

EXERCISE

Write the verb in parentheses in the tense and person indicated.

Present Indicative

       (faire) Je_____

       (faire) Ils_____

       (mettre) Je_____

       (permettre) Nous_____

       (connaître) Tu_____

Future

       (paraître) Il_____

       (promettre) Je_____

       (faire) Nous_____

       (remettre) Tu_____

       (paraître) Ils_____

Past Participle

       (faire) _____

       (connaître) _____

       (mettre) _____

Present Participle

       (faire) _____

       (connaître)_____

Passé Simple

       (mettre) Il_____

       (permettre) Nous_____

       (faire) Vous_____

       (paraître) Ils_____

       (reconnaître) Je_____

Present Subjunctive

       (faire) Que je_____

       (mettre) Que nous_____

       (paraître) Qu'ils_____

       (apparaître) Que vous_____

       (disparaître) Que je_____

MASTERY EXERCISES

1. Translate into English:

   1. Nous faisions._____

   2. Tu fis._____

   3. Qu'il fasse._____

   4. Nous mettons._____

   5. Il a mis._____

   6. Vous commettiez._____

   7. Nous promettons._____

   8. Que vous disparaissiez._____

   9. Je connus._____

  10. Il connut._____

  11. Faites le marché!_____

  12. Il fera beau demain._____

  13. Ils ont fait une partie de tennis._____

  14. Savez-vous faire la cuisine?_____

  15. Ils font de la boxe._____

  16. Nous allons faire une promenade._____

  17. Cela vous fait plaisir._____

  18. Il se faisait tard._____

  19. Ne vous en faites pas._____

  20. Que ferez-vous demain?_____

Mastery Exercises (con't)

2. Translate into French:

1. I knew. _____

2. They promised. _____

3. We are appearing. _____

4. He has allowed. _____

5. I will not allow. _____

6. We are committing. _____

7. He is promising. _____

8. I shall recognize. _____

9. Let us allow! _____

10. She will do the cooking. _____

11. He used to be in photography. _____

12. You were speeding. _____

13. He scares me. _____

14. We have studied law. _____

15. They took a walk. _____

16. We packed our trunks. _____

17. She dressed up for the occasion. _____

18. You've had it! _____

39. IMPERSONAL VERBS

Some verbs can only be conjugated in the third person singular.
They are called "Impersonal verbs."

Infinitive	falloir (to be necessary, must)	pleuvoir (to rain)	neiger (to snow)
Past participle	fallu	plu	neigé
Present	il faut	il pleut	il neige
Imperfect	il fallait	il pleuvait	il neigeait
Future	il faudra	il pleuvra	il neigera
Conditional	il faudrait	il pleuvrait	il neigerait
Passé Simple	il fallut	il plut	il neigea
Passé Composé	il a fallu	il a plu	il a neigé
Present Subjunctive	qu'il faille	qu'il pleuve	qu'il neige
Imperfect Subjunctive	qu'il fallût	qu'il plût	qu'il neigeât

IMPERSONAL EXPRESSIONS

Il y a	(There is, there are)
Il y avait une fois	(There was once upon a time)
Il faut que je travaille	(I must [it is necessary that I] work)
Il fait froid	(it is cold)
Il fait beau aujourd'hui	(The weather is fine today)
Il convient de dire	(It is fitting to say)
Il est une heure	(It is one o'clock)
Il paraît qu'il parle français	(It seems that he speaks French)
Il reste du champagne	(There is some champagne left)

See note regarding Subjunctive Section 14 (2).

EXERCISES

1. Write the verb <u>falloir</u> in the tenses indicated.

Present Indicative: Il_____

Passé Simple: Il_____

Present Subjunctive: Qu'il_____

Future: Il_____

Past Participle: _____

2. Write the verb <u>pleuvoir</u> in the tenses indicated.

Passé Simple: Il_____

Passé Composé Il_____

Future: Il_____

Imperfect Subjunctive: Qu'il_____

Conditional: Il_____

3. Translate the words underlined into English.

"<u>Il pleure</u> dans mon coeur _____

 Comme <u>il pleut</u> dans la ville._____

 Quelle est cette langueur

 Qui pénètre mon coeur?"

     ——Verlaine

	<u>40</u>	<u>41</u>	<u>42</u>
<u>Infinitive</u>	battre (to beat)	boire (to drink)	conduire (to drive)

<u>Present Participle</u>

battant	buvant	conduisant

<u>Past Participle</u>

battu	bu	conduit

<u>Present Indicative</u>

je bats	je bois	je conduis
tu bats	tu bois	tu conduis
il bat	il boit	il conduit
nous battons	nous buvons	nous conduisons
vous battez	vous buvez	vous conduisez
ils battent	ils boivent	ils conduisent

<u>Imperfect Indicative</u>

je battais	je buvais	je conduisais
tu battais	tu buvais	tu conduisais
il battait	il buvait	il conduisait
nous battions	nous buvions	nous conduisions
vous battiez	vous buviez	vous conduisiez
ils battaient	ils buvaient	ils conduisaient

<u>Future</u>

je battrai	je boirai	je conduirai
tu battras	tu boiras	tu conduiras
il battra	il boira	il conduira
nous battrons	nous boirons	nous conduirons
vous battrez	vous boirez	vous conduirez
ils battront	ils boiront	ils conduiront

battre, boire, conduire (con't)

Conditional

je battrais	je boirais	je conduirais
tu battrais	tu boirais	tu conduirais
il battrait	il boirait	il conduirait
nous battrions	nous boirions	nous conduirions
vous battriez	vous boiriez	vous conduiriez
ils battraient	ils boiraient	ils conduiraient

Passé Simple

je battis	je bus	je conduisis
tu battis	tu bus	tu conduisis
il battit	il but	il conduisit
nous battîmes	nous bûmes	nous conduisîmes
vous battîtes	vous bûtes	vous conduisîtes
ils battirent	ils burent	ils conduisirent

Present Subjunctive

que je batte	que je boive	que je conduise
que tu battes	que tu boives	que tu conduises
qu'il batte	qu'il boive	qu'il conduise
que nous battions	que nous buvions	que nous conduisions
que vous battiez	que vous buviez	que vous conduisiez
qu'il battent	qu'il boivent	qu'il conduisent

Imperfect Subjunctive

que je battisse	que je busse	que je conduisisse
que tu battisses	que tu busses	que tu conduisisses
qu'il battît	qu'il bût	qu'il conduisît
que nous battissions	que nous bussions	que nous conduisissions
que vous battissiez	que vous bussiez	que vous conduisissiez
qu'il battissent	qu'ils bussent	qu'ils conduisissent

Imperative

bats!	bois!	conduis!
battons!	buvons!	conduisons!
battez!	buvez!	conduisez!

<u>EXERCISE</u>

Write the verb in parentheses in the tense and person indicated.

(battre) <u>Present Indicative</u>: Je_____

        <u>Past Participle</u>: _____

        <u>Future</u>: Il_____

        <u>Present Subjunctive</u>: Que nous_____

        <u>Passé Composé</u>: Vous_____

(boire) <u>Passé Simple</u>: Je_____

        <u>Passé Composé</u>: J'_____

        <u>Conditional</u>: Vous_____

        <u>Imperative</u>
          (2nd person singular):_____

          (1st person plural):_____

(conduire) <u>Imperfect</u>: Nous_____

        <u>Present Subjunctive</u>: Que vous_____

        <u>Present Participle</u>: _____

        <u>Imperfect Subjunctive</u>:Qu'il_____

	43	**44**	**45**
Infinitive	courir (to run)	craindre (to fear)	croire (to believe)
Present Participle			
	courant	craignant	croyant
Past Participle			
	couru	craint	cru
Present Indicative			
	je cours tu cours il court nous courons vous courez ils courent	je crains tu crains il craint nous craignons vous craignez ils craignent	je crois tu crois il croit nous croyons vous croyez ils croient
Imperfect Indicative			
	je courais tu courais il courait nous courions vous couriez ils couraient	je craignais tu craignais il craignait nous craignions vous craigniez ils craignaient	je croyais tu croyais il croyait nous croyions vous croyiez ils croyaient
Future			
	je courrai tu courras il courra nous courrons vous courrez ils courront	je craindrai tu craindras il craindra nous craindrons vous craindrez ils craindront	je croirai tu croiras il croira nous croirons vous croirez ils croiront

courir, craindre, croire (con't)

Conditional

je courrais	je craindrais	je croirais
tu courrais	tu craindrais	tu croirais
il courrait	il craindrait	il croirait
nous courrions	nous craindrions	nous croirions
vous courriez	vous craindriez	vous croiriez
ils courraient	ils craindraient	ils croiraient

Passé Simple

je courus	je craignis	je crus
tu courus	tu craignis	tu crus
il courut	il craignit	il crut
nous courûmes	nous craignîmes	nous crûmes
vous courûtes	vous craignîtes	vous crûtes
ils coururent	ils craignirent	ils crurent

Present Subjunctive

que je coure	que je craigne	que je croie
que tu coures	que tu craignes	que tu croies
qu'il coure	qu'il craigne	qu'il croie
que nous courions	que nous craignions	que nous croyions
que vous couriez	que vous craigniez	que vous croyiez
qu'ils courent	qu'ils craignent	qu'ils croient

Imperfect Subjunctive

que je courusse	que je craignisse	que je crusse
que tu courusses	que tu craignisses	que tu crusses
qu'il courût	qu'il craignît	qu'il crût
que nous courussions	que nous craignissions	que nous crussions
que vous courussiez	que vous craignissiez	que vous crussiez
qu'ils courussent	qu'ils craignissent	qu'ils crussent

Imperative

cours!	crains!	crois!
courons!	craignons!	croyons!
courez!	craignez!	croyez!

EXERCISES

1. Translate into French:

    1. I ran._____

    2. We feared._____

    3. I believed._____

    4. I was believing._____

    5. Is he running?_____

    6. They would believe._____

    7. I will fear._____

    8. They have feared._____

    9. You are believing._____

  10. Let us run!_____

2. Translate into English:

    1. Il courut._____

    2. Qu'il craigne._____

    3. Nous croyions._____

    4. Il crut._____

    5. Il courra._____

    6. Ils coururent._____

    7. Courez!_____

    8. Tu croiras._____

    9. Que craignez-vous?_____

46. DEVOIR - 47. DIRE - 48. ECRIRE

	46	47	48
Infinitive	devoir (to owe, ought, must, to be compelled or obliged, to have to)	dire (to say)	écrire (to write)
Present Participle	devant	disant	écrivant
Past Participle	dû	dit	écrit
Present Indicative	je dois tu dois il doit nous devons vous devez ils doivent	je dis tu dis il dit nous disons vous dites ils disent	j'écris tu écris il écrit nous écrivons vous écrivez ils écrivent
Imperfect Indicative	je devais tu devais il devait nous devions vous deviez ils devaient	je disais tu disais il disait nous disions vous disiez ils disaient	j'écrivais tu écrivais il écrivait nous écrivions vous écriviez ils écrivaient
Future	je devrai tu devras il devra nous devrons vous devrez ils devront	je dirai tu diras il dira nous dirons vous direz ils diront	j'écrirai tu écriras il écrira nous écrirons vous écrirez ils écriront

devoir, dire, écrire (con't)

Conditional

je devrais	je dirais	j'écrirais
tu devrais	tu dirais	tu écrirais
il devrait	il dirait	il écrirait
nous devrions	nous dirions	nous écririons
vous devriez	vous diriez	vous écririez
ils devraient	ils diraient	ils écriraient

Passé Simple

je dus	je dis	j'écrivis
tu dus	tu dis	tu écrivis
il dut	il dit	il écrivit
nous dûmes	nous dîmes	nous écrivîmes
vous dûtes	vous dîtes	vous écrivîtes
ils durent	ils dirent	ils écrivirent

Present Subjunctive

que je doive	que je dise	que j'écrive
que tu doives	que tu dises	que tu écrives
qu'il doive	qu'il dise	qu'il écrive
que nous devions	que nous disions	que nous écrivions
que vous deviez	que vous disiez	que vous écriviez
qu'ils doivent	qu'ils disent	qu'ils écrivent

Imperfect Subjunctive

que je dusse	que je disse	que j'écrivisse
que tu dusses	que tu disses	que tu écrivisses
qu'il dût	qu'il dît	qu'il écrivît
que nous dussions	que nous dissions	que nous écrivissions
que vous dussiez	que vous dissiez	que vous écrivissiez
qu'ils dussent	qu'ils dissent	qu'ils écrivissent

Imperative

(form rarely used)	dis!	écris!
	disons!	écrivons!
	dites!	écrivez!

EXERCISES

1. Translate into English:

   1. J'écrirai au président.

   _____

   2. Il faut que je lui écrive.

   _____

   3. Oui, vous devriez lui écrire.

   _____

   4. On dit que vous devez cent francs au coiffeur.

   _____

   5. Oui, je lui dois cent francs.

   _____

   6. Je disais que j'allais écrire au président.

   _____

   7. Vous devez avoir quelque chose d'important à lui dire.

   _____

   8. Ecrivez-vous beaucoup?

   _____

   9. Non, mais j'écrivais beaucoup autrefois.

   _____

   10. Il dit qu'il a écrit une lettre au président.

   _____

Exercises (con't)

2. Translate into French:

1. I wrote the book.

_____

2. We are writing a book.

_____

3. You must be his wife.

_____

4. We have to work.

_____

5. He should write a book.

_____

6. She has written a book.

_____

7. He did not write the book.

_____

8. I owe ten dollars.

_____

9. Let us write to the president!

_____

10. I was saying that he has to write a book.

_____

	49	50	51
Infinitive	lire (to read)	mourir (to die)	naître (to be born)
Present Participle	lisant	mourant	naissant
Past Participle	lu	mort	né
Present Indicative	je lis tu lis il lit nous lisons vous lisez ils lisent	je meurs tu meurs il meurt nous mourons vous mourez ils meurent	je nais tu nais il naît nous naissons vous naissez ils naissent
Imperfect	je lisais tu lisais il lisait nous lisions vous lisiez ils lisaient	je mourais tu mourais il mourait nous mourions vous mouriez ils mouraient	je naissais tu naissais il naissait nous naissions vous naissiez ils naissaient
Future	je lirai tu liras il lira nous lirons vous lirez ils liront	je mourrai tu mourras il mourra nous mourrons vous mourrez ils mourront	je naîtrai tu naîtras il naîtra nous naîtrons vous naîtrez ils naîtront

lire, mourir, naître (con't)

Conditional

je lirais	je mourrais	je naîtrais
tu lirais	tu mourrais	tu naîtrais
il lirait	il mourrait	il naîtrait
nous lirions	nous mourrions	nous naîtrions
vous liriez	vous mourriez	vous naîtriez
ils liraient	ils mourraient	ils naîtraient

Passé Simple

je lus	je mourus	je naquis
tu lus	tu mourus	tu naquis
il lut	il mourut	il naquit
nous lûmes	nous mourûmes	nous naquîmes
vous lûtes	vous mourûtes	vous naquîtes
ils lurent	ils moururent	ils naquirent

Present Subjunctive

que je lise	que je meures	que je naisse
que tu lises	que tu meures	que tu naisses
qu'il lise	qu'il meure	qu'il naisse
que nous lisions	que nous mourions	que nous naissions
que vous lisiez	que vous mouriez	que vous naissiez
qu'ils lisent	qu'ils meurent	qu'ils naissent

Imperfect Subjunctive

que je lusse	que je mourusse	que je naquisse
que tu lusses	que tu mourusses	que tu naquisses
qu'il lût	qu'il mourût	qu'il naquît
que nous lussions	que nous mourussions	que nous naquissions
que vous lussiez	que vous mourussiez	que vous naquissiez
qu'ils lussent	qu'ils mourussent	qu'ils naquissent

Imperative

lis!	meurs!	nais!
lisons!	mourons!	naissons!
lisez!	mourez!	naissez!

EXERCISES

1. Translate into English:

    1. Il est mort._____

    2. Nous mourons._____

    3. Il meurt._____

    4. Nous lisions._____

    5. Elle lut._____

    6. Vous lisiez._____

    7. Il naquit._____

    8. Elle est née._____

    9. Nous sommes nés._____

    10. Qu'il meure! _____

2. Translate into French:

    1. He will die one day._____

    2. She was born in Paris._____

    3. We read in the newspaper._____

    4. He is reading a book._____

    5. Many have died._____

    6. I am dying._____

    7. He is dead._____

    8. I will read this article._____

    9. We have read the book._____

    10. Before dying._____

52. PLAIRE - 53. RECEVOIR - 54. RIRE

	<u>52</u>	<u>53</u>	<u>54</u>
<u>Infinitive</u>	<u>plaire</u> (to please)	<u>recevoir</u> (to receive)	<u>rire</u> (to laugh)
<u>Present Participle</u>	plaisant	recevant	riant
<u>Past Participle</u>	plu	reçu	ri
<u>Present Indicative</u>	je plais tu plais il plaît nous plaisons vous plaisez ils plaisent	je reçois tu reçois il reçoit nous recevons vous recevez ils reçoivent	je ris tu ris il rit nous rions vous riez ils rient
<u>Imperfect</u>	je plaisais tu plaisais il plaisait nous plaisions vous plaisiez ils plaisaient	je recevais tu recevais il recevait nous recevions vous receviez ils recevaient	je riais tu riais il riait nous riions vous riiez ils riaient
<u>Future</u>	je plairai tu plairas il plaira nous plairons vous plairez ils plairont	je recevrai tu recevras il recevra nous recevrons vous recevrez ils recevront	je rirai tu riras il rira nous rirons vous rirez ils riront

plaire, recevoir, rire (con't)

Conditional

je plairais	je recevrais	je rirais
tu plairais	tu recevrais	tu rirais
il plairait	il recevrait	il rirait
nous plairions	nous recevrions	nous ririons
vous plairiez	vous recevriez	vous ririez
ils plairaient	ils recevraient	ils riraient

Passé Simple

je plus	je reçus	je ris
tu plus	tu reçus	tu ris
il plut	il reçut	il rit
nous plûmes	nous reçûmes	nous rîmes
vous plûtes	vous reçûtes	vous rîtes
ils plurent	ils reçurent	ils rirent

Present Subjunctive

que je plaise	que je reçoive	que je rie
que tu plaises	que tu reçoives	que tu ries
qu'il plaise	qu'il reçoive	qu'il rie
que nous plaisions	que nous recevions	que nous riions
que vous plaisiez	que vous receviez	que vous riiez
qu'ils plaisent	qu'ils reçoivent	qu'ils rient

Imperfect Subjunctive

que je plusse	que je reçusse	que je risse
que tu plusses	que tu reçusses	que tu risses
qu'il plût	qu'il reçût	qu'il rît
que nous plussions	que nous reçussions	que nous rissions
que vous plussiez	que vous reçussiez	que vous rissiez
qu'ils plussent	qu'ils reçussent	qu'ils rissent

Imperative

plais!	reçois!	ris!
plaisons!	recevons!	rions!
plaisez!	recevez!	riez!

EXERCISES

1. Translate into French:

1. I am laughing. _____

2. He will receive. _____

3. We were pleasing. _____

4. I have pleased. _____

5. She does receive. _____

6. You have received. _____

7. Laugh! _____

8. He would receive. _____

9. That he may receive. _____

10. Pleasing. _____

11. I will please. _____

12. We would receive. _____

13. You will laugh. _____

14. She is laughing. _____

15. That I may please. _____

16. They do receive. _____

17. You received. _____

18. He laughed. _____

19. Let us laugh! _____

20. Do not laugh! _____

Exercises (con't)

2. Translate the underlined words into English.

1. "__Riez__ de ma faiblesse" —Corneille

_____

2. "__Rira__ bien qui rira le dernier" —Proverb

_____

3. "Plus on est de fous, __plus on rit__." —Proverb

_____

4. "Votre fille __me plut__, je prétendis lui plaire. Elle est de mes serments seule dépositaire." —Racine

_____

5. "La fortune __se plaît__ à faire de ces coups." —La Fontaine

_____

6. "__Plût à Dieu__ vous savoir en chemin présentement!"— Mme de Sévigné.

_____

7. "Vous __plaît-il__, don Juan, nous éclaircir ces beaux mystères?" —Molière.

_____

8. Il a été __reçu__ à l'Académie.

_____

9. "__Recevez__ par cette lettre un pouvoir absolu sur tout le palais." —Montesquieu

_____   _____

10. "La terre __ne rit plus__ à l'homme comme auparavant."
—Bossuet

_____

	<u>55</u>	<u>56</u>	<u>57</u>
Infinitive	suivre (to follow)	tenir (to hold)	vaincre (to conquer)
Present Participle	suivant	tenant	vainquant
Past Participle	suivi	tenu	vaincu
Present Indicative	je suis tu suis il suit nous suivons vous suivez ils suivent	je tiens tu tiens il tient nous tenons vous tenez ils tiennent	je vaincs tu vaincs il vainc nous vainquons vous vainquez ils vainquent
Imperfect Indicative	je suivais tu suivais il suivait nous suivions vous suiviez ils suivaient	je tenais tu tenais il tenait nous tenions vous teniez ils tenaient	je vainquais tu vainquais il vainquait nous vainquions vous vainquiez ils vainquaient
Future	je suivrai tu suivras il suivra nous suivrons vous suivrez ils suivront	je tiendrai tu tiendras il tiendra nous tiendrons vous tiendrez ils tiendront	je vaincrai tu vaincras il vaincra nous vaincrons vous vaincrez ils vaincront

suivre, tenir, vaincre (con't)

Conditional

je suivrais	je tiendrais	je vaincrais
tu suivrais	tu tiendrais	tu vaincrais
il suivrait	il tiendrait	il vaincrait
nous suivrions	nous tiendrions	nous vaincrions
vous suivriez	vous tiendriez	vous vaincriez
ils suivraient	ils tiendraient	ils vaincraient

Passé Simple

je suivis	je tins	je vainquis
tu suivis	tu tins	tu vainquis
il suivit	il tint	il vainquit
nous suivîmes	nous tînmes	nous vainquîmes
vous suivîtes	vous tîntes	vous vainquîtes
ils suivirent	ils tinrent	ils vainquirent

Present Subjunctive

que je suive	que je tienne	que je vainque
que tu suives	que tu tiennes	que tu vainques
qu'il suive	qu'il tienne	qu'il vainque
que nous suivions	que nous tenions	que nous vainquions
que vous suiviez	que vous teniez	que vous vainquiez
qu'ils suivent	qu'ils tiennent	qu'ils vainquent

Imperfect Subjunctive

que je suivisse	que je tinsse	que je vainquisse
que tu suivisses	que tu tinsses	que tu vainquisses
qu'il suivît	qu'il tînt	qu'il vainquît
que nous suivissions	que nous tinssions	que nous vainquissions
que vous suivissiez	que vous tinssiez	que vous vainquissiez
qu'ils suivissent	qu'ils tinssent	qu'ils vainquissent

Imperative

suis!	tiens!	vaincs!
suivons!	tenons!	vainquons!
suivez!	tenez!	vainquez!

EXERCISE

1. Translate into English:

1. I hold._____

2. He was following._____

3. We will conquer._____

4. You followed._____

5. I follow._____

6. You will hold._____

7. You do follow._____

8. Follow!_____

9. I would follow._____

10. They conquered._____

11. Conquering._____

12. I will conquer._____

13. We have conquered._____

14. They are conquered._____

15. I will follow._____

16. You are followed._____

17. You will be followed._____

18. You have been followed._____

19. Follow me!_____

20. The following example._____

58. S'ASSEOIR

Infinitive   s'asseoir   (to sit down, to take a seat)

Present Participle

      s'asseyant   - or - s'assoyant

Past Participle

      assis

Present Indicative

je m'assieds - or -	je m'assois
tu t'assieds	tu t'assois
il s'assied	il s'assoit
nous nous asseyons	nous nous assoyons
vous vous asseyez	vous vous assoyez
ils s'asseyent	ils s'assoient

Imperfect

je m'asseyais	je m'assoyais
tu t'asseyais	tu t'assoyais
il s'asseyait	il s'assoyait
nous nous asseyions	nous nous assoyions
vous vous asseyiez	vous vous assoyiez
ils s'asseyaient	ils s'assoyaient

Future

je m'assiérai	je m'assoirai
tu t'assiéras	tu t'assoiras
il s'assiéra	il s'assoira
nous nous assiérons	nous nous assoirons
vous vous assiérez	vous vous assoirez
ils s'assiéront	ils s'assoiront

s'asseoir (con't)

Conditional

je m'assiérais	- or -	je m'assoirais
tu t'assiérais		tu t'assoirais
il s'assiérait		il s'assoirait
nous nous assiérions		nous nous assoirions
vous vous assiériez		vous vous assoiriez
ils s'assiéraient		ils s'assoiraient

Passé Simple

je m'assis
tu t'assis
il s'assit
nous nous assîmes
vous vous assîtes
ils s'assirent

Passé Composé

je me suis assis
tu t'es assis
il s'est assis
nous nous sommes assis
vous vous êtes assis
ils se sont assis

Present Subjunctive

que je m'asseye	- or -	que je m'assoie
que tu t'asseyes		que tu t'assoies
qu'il s'asseye		qu'il s'assoit
que nous nous asseyions		que nous nous assoyions
que vous vous asseyiez		que vous vous assoyiez
qu'ils s'asseyent		qu'ils s'assoient

Imperfect Subjunctive

que je m'assisse
que tu t'assisses
qu'il s'assît
que nous nous assissions
que vous vous assissiez
qu'ils s'assissent

s'asseoir (con't)

Imperative

              assieds-toi!   - or -   assois-toi!
              asseyons-nous!   assoyons-nous!
              asseyez-vous!   assoyez-vous!

The first form "Je m'assieds" and "Asseyez-vous!" is more common than the second form.

MASTERY EXERCISE

Translate the underlined words into English.

1. "Seigneur, <u>je sais que je ne sais qu'</u>une chose; c'est
   qu'il est bon de <u>vous suivre</u>." ——Pascal

   _____   ____ _____

2. "<u>Qui m'aime me suive</u>." ——Proverbe

   _____

3. "Dieu <u>tient</u> le cœur des rois entre ses mains puissantes."
   ——Racine

   _____

4. "Une goutte d'eau <u>tient</u> quelque chose du vaste océan."
   ——Voltaire

   _____

5. "Un <u>tiens</u> vaut mieux que deux tu auras." ——Proverbe

   _____

6. "Les ouvrages des Egyptiens <u>étaient faits pour tenir</u>
   contre le temps." ——Bossuet

   _____

7. "La place <u>tint</u> trois mois entiers." ——Rollin

   _____ ___ ___

8. "A <u>vaincre</u> sans péril on triomphe sans gloire." ——Corneille

   _____

9. "On ne <u>vainc qu'</u>en combattant." ——Rotrou

   _____

10. "<u>Je suis vaincu</u> du temps, je cède à ses outrages." ——Malherbe

    _____ _____ ____ __ _

- 129 -

REVIEW

State whether the following statments are correct or false.

		TRUE	FALSE
1.	All French verbs have their infinitives ending in -ER, -IR or -RE.	☐	☐
2.	All French present participles end in -ENT.	☐	☐
3.	The subjunctive is used in sentences expressing joy, sorrow or fear.	☐	☐
4.	"J'aime" may mean <u>I love</u>, <u>I do love</u>, or <u>I am loving</u>.	☐	☐
5.	For regular verbs, in the plural forms (<u>nous</u>, <u>vous</u>, <u>ils</u>) there is no difference between the imperfect and present subjunctive.	☐	☐
6.	Likewise, for regular -ER verbs, in the singular persons (<u>je</u>, <u>tu</u>, <u>il</u>) there is no difference between the present subjunctive and the present indicative.	☐	☐
7.	When asking a question, the form "Est-ce que" is never used with the pronoun <u>je</u>, except with the verbs <u>être</u> and <u>avoir</u> and a few other exceptions.	☐	☐
8.	The subjunctive is always used after the expression "<u>Il faut que</u>."	☐	☐
9.	In the imperative, the endings are the same as those of the second person plural and first person singular and plural of the present indicative.	☐	☐
10.	The <u>passé composé</u> is used in writing and rarely used in conversation.	☐	☐
11.	Verbs in -ER like <u>jeter</u>, double the <u>t</u> when the next syllable contains a mute <u>e</u>.	☐	☐
12.	Verbs in -CER, like <u>commencer</u>, change the <u>c</u> to <u>ç</u> before a mute <u>e</u>.	☐	☐
13.	The future tense of all regular verbs is formed by adding the endings -<u>ai</u>, -<u>as</u>, -<u>a</u>, -<u>ons</u>, -<u>ez</u>, -<u>ont</u> to the stem of the verb.	☐	☐

Review (con't)

14. The conditional is used to express an action
    which might take place in the future.

15. With the verb ETRE, the past participle agrees
    with the subject.

16. In the case of reflexive verbs, the past parti-
    ciple agrees with the object if it comes before
    the verb.

17. In French, the present tense is sometimes used
    to express an action which took place in the
    past and is still going on.

18. The subjunctive is always used after the expres-
    sion Il est nécessaire que.

19. The present of ETRE, first person singular, is:
    je suis.

20. The present of SUIVRE, first person singular,
    is also Je suis.

INDEX OF VERBS
FRENCH - ENGLISH

The number after each verb indicates the section in which that
verb, or a similar conjugated verb will be found.

Reg. indicates that the verb is regular.

An asterisk (*) indicates that the verb is conjugated with être.

A

aboyer, to bark, 21

acheter, to buy, 19

achever, to finish, complete, 19

admirer, to admire, Reg.

aider, to help, Reg.

aimer, to love, like, Reg.

ajouter, to add, Reg.

*aller, to go, 33

amener, to bring, 19

*s'amuser, to enjoy oneself, 16

annoncer, to announce, 17

apercevoir, to catch sight of, 35

*s'apercevoir, to realize, 16

apparaître, to appear, 38

appartenir, to belong, 56

appeler, to call, 22

*s'appeler, to be called, 16

apporter, to bring, Reg.

apprendre, to learn, 31

appuyer, to press, lean, 21

arranger, to arrange, 18

*s'arrêter, to stop, 16

*arriver, to arrive, happen, Reg.

*s'asseoir, to sit down, 58

avancer, to advance, 17

avoir, to have, 23

B

baisser, to lower, Reg.

*se baisser, to bend down, 16

bâtir, to build, Reg.

battre, to beat, 40

*se battre, to fight, 16

blesser, to wound, Reg.

*se blesser, to injure oneself, 16

boire, to drink, 41

bouger, to move, 18

brosser, to brush, Reg.

brûler, to burn, Reg.

C

cacher, to hide, Reg.

casser, to break, Reg.

changer, to change, 18

chanter, to sing, Reg.

charger, to load, Reg.

chasser, to hunt, Reg.

chauffer, to heat, Reg.

chercher, to seek, look for, Reg.

choisir, to choose, Reg.

coller, to paste, stick, Reg.

commander, to command, Reg.

commencer, to begin, 17.

commettre, to commit, 37

comprendre, to understand, 31

compter, to count, Reg.

conduire, to conduct, drive, 42

connaître, to know, 38

consentir, to consent, 30

construire, to construct, 42

contenir, to contain, 56

continuer, to continue, Reg.

*se coucher, to lie down,
            go to bed, 16

couper, to cut, Reg.

courir, to run, 43

coûter, to cost, Reg.

couvrir, to cover, 32

craindre, to fear, 44

crier, to shout, Reg.

croire, to believe, 45

cultiver, to cultivate, Reg.

D

danser, to dance, Reg.

déchirer, to tear, Reg.

décider, to decide, Reg.

défendre, to defend, forbid, Reg.

déjeuner, to eat lunch, Reg.

demander, to ask, Reg.

*se dépêcher, to hurry, 16

dépenser, to spend, Reg.

déplaire, to displease, 52.

*descendre, to go down, Reg.

*se déshabiller, to undress, 16

dessiner, to draw, Reg.

*devenir, to become, 34

devoir, to owe, ought, must, 46

dîner, to dine, Reg.

diriger, to direct, 18

donner, to give, Reg.

dormir, to sleep, 30

E

écouter, to listen to, Reg.

écrire, to write, 48

élever, to raise, 19

emmener, to lead away, 19

empêcher, to prevent, Reg.

employer, to employ, 21

emporter, to take away, Reg.

*s'endormir, to go to sleep, 30

enlever, to remove, 19

ennuyer, to annoy, 21

*s'ennuyer, to get bored, 16

entendre, to hear, Reg.

enterrer, to bury, Reg.

*entrer, to enter, Reg.

envelopper, to wrap up, Reg.

envoyer, to send, 21

épeler, to spell, 22

espérer, to hope, 20

essayer, to try, 21

essuyer, to wipe, 21

éteindre, to extinguish, 44

être, to be, 23

étudier, to study, Reg.

exagérer, to exaggerate, 20

excuser, to excuse, Reg.

expliquer, to explain, Reg.

F

*se fâcher, to get angry, 16

faire, to make, do, 36

falloir, to be necessary, 39

fermer, to close, Reg.

finir, to finish, Reg.

forcer, to force, Reg.

frapper, to strike, Reg.

fumer, to smoke, Reg.

G

gagner, to gain, earn, win, Reg.

geler, to freeze, 19

H

*s'habiller, to get dressed, 16

I

interroger, to question, 18

J

jouer, to play, Reg.

juger, to judge, 18

L

labourer, to plough, Reg.

laisser, to let, leave, Reg.

lancer, to throw, 17

laver, to wash, Reg.

*se laver, to wash oneself, 16

lever, to raise, 19

L

*se lever, to get up, 16

lire, to read, 49

M

manger, to eat, 18

manquer, to miss, fail, be lacking, Reg.

*se marier, to get married, 18

menacer, to threaten, 17

mesurer, to measure, Reg.

mettre, to put, 37

*mourir, to die, 50

N

nager, to swim, 18

neiger, to snow, 18, 39

nettoyer, to clean, 21

O

obéir, to obey, Reg.

obtenir, to obtain, 56

occuper, to occupy, Reg.

offrir, to offer, 32

oublier, to forget, Reg.

ouvrir, to open, 32

P

paraître, to seem, 38

parler, to speak, Reg.

partager, to share, 18

*partir, to leave, 30

pécher, to sin, 20

pêcher, to fish, Reg.

peser, to weigh, 19

placer, to place, to put, 17

plaire, to please, 52

pleurer, to weep, cry, Reg.

pleuvoir, to rain, 39

plier, to fold, Reg.

porter, to carry, wear, Reg.

poser, to put, lay down, Reg.

posséder, to possess, 20

pouvoir, to be able, can, 28

préférer, to prefer, 20

prendre, to take, 31

presser, to press, Reg.

*se presser, to hurry, 16

prévoir, to foresee, anticipate, 35

*se promener, to go for a walk, 16

promettre, to promise, 37

punir, to punish, Reg.

Q

quitter, to leave, Reg.

R

raconter, to tell, relate, Reg.

ramasser, to pick up, Reg.

ranger, to put away, tidy up, 18

rappeler, to recall, 22

*se rappeler, to recollect, 16

*se raser, to shave, 16

recevoir, to receive, 53

recommencer, to begin again, 17

reconnaître, to recognize, 38

regarder, to look at, Reg.

remarquer, to notice, Reg.

remplir, to fill, Reg.

remuer, to move, stir, Reg.

rencontrer, to meet, Reg.

rendre, to give back, Reg.

réparer, to repair, Reg.

répondre, to answer, Reg.

*se reposer, to rest, 16

respirer, to breathe, Reg.

ressembler, to look like, Reg.

*rester, to remain, Reg.

retourner, to turn over, Reg.

*retourner, to return, Reg.

réussir, to succeed, Reg.

*se réveiller, to wake up, 16

*revenir, to come back, return, 34

revoir, to see again, 35

rire, to laugh, 54

rouler, to roll, Reg.

S

sauter, to jump, Reg.

sauver, to save, Reg.

savoir, to know, 29

sécher, to dry, 20

sentir, to smell, feel, 30

serrer, to tighten, clasp, Reg.

servir, to serve, Reg.

soigner, to take care of, Reg.

songer, to dream, think of, 18

sonner, to ring, Reg.

*sortir, to go out, 30

souffrir, to suffer, 32

*se souvenir, to remember, 34, 16

suggérer, to suggest, 20

suivre, to follow, 55

surprendre, to surprise, 31

*se taire, to hush, be quiet, 16

téléphoner, to telephone, Reg.

tendre, to stretch, Reg.

tenir, to hold, 56

tirer, to pull, shoot, Reg.

*tomber, to fall, Reg.

toucher, to touch, Reg.

tousser, _to cough_, Reg.

travailler, _to work_, Reg.

traverser, _to cross_, Reg.

*se tromper, _to be mistaken_, 16

trouver, _to find_, Reg.

*se trouver, _to find oneself,
to be_, 16

tuer, _to kill_, Reg.

V

vaincre, _to conquer_, 57

vendre, _to sell_, Reg.

*venir, _to come_, 34

voir, _to see_, 35

voler, _to fly_, _steal_, Reg.

vouloir, _to want_, _will_, 27

voyager, _to travel_, 18

INDEX OF VERBS

ENGLISH - FRENCH

A

to add, ajouter

admire, admirer

advance, avancer

announce, annoncer

annoy, ennuyer

answer, répondre

appear, apparaître

arrange, arranger

arrive, arriver

ask, demander

B

bark, aboyer

be, être

be able, pouvoir

beat, battre

become, devenir

begin, commencer

believe, croire

belong, appartenir

be mistaken, se tromper

break, casser

breathe, respirer

bring, apporter

brush, brosser

build, construire

burn, brûler

bury, enterrer

buy, acheter

C

call, appeler

carry, porter

change, changer

choose, choisir

clean, nettoyer

close, fermer

command, commander

commit, commettre

conduct, conduire

conquer, vaincre

consent, consentir

construct, construire

contain, contenir

continue, continuer

cost, coûter

count, compter

cough, tousser

cover, couvrir

C

cross, traverser

cry, pleurer

cultivate, cultiver

cut, couper

D

dance, danser

defend, défendre

die, mourir

dine, dîner

direct, diriger

do, faire

draw, dessiner

dress, s'habiller

drink, boire

dry, sécher

E

eat, manger

employ, employer

enter, entrer

exaggerate, exagérer

excuse, excuser

explain, expliquer

extinguish, éteindre

F

fall, tomber

fear, craindre

feel, sentir

fill, remplir

find, trouver

finish, finir

fish, pêcher

fly, voler

fold, plier

follow, suivre

forbid, défendre

force, forcer

foresee, prévoir

forget, oublier

freeze, geler

G

gain, gagner

get angry, se fâcher

give, donner

give back, rendre

go, aller

go down, descendre

go out, sortir

go to sleep, s'endormir

H

happen, arriver

have, avoir

hear, entendre

heat, chauffer

help, aider

hide, cacher

hold, tenir

hope, espérer

hunt, chasser

hurry, se dépêcher

hush, se taire

J

judge, juger

K

kill, tuer

know, savoir, connaître

L

laugh, rire

lead away, emmener

learn, apprendre

leave, partir

lie down, se coucher

like, aimer

listen, écouter

load, charger

look, regarder

love, aimer

lower, baisser

lunch, déjeuner

M

make, faire

marry, épouser

measure, mesurer

meet, rencontrer

miss, manquer

move, bouger

N

notice, remarquer

O

obey, obéir

obtain, obtenir

occupy, occuper

open, ouvrir

owe, devoir

P

paste, coller

pick up, ramasser

place, placer

play, jouer

please, plaire

plough, labourer

possess, posséder

prefer, préférer

press, presser

prevent, empêcher

promise, promettre

pull, tirer

punish, punir

put, mettre

Q

question, interroger

R

rain, pleuvoir

raise, lever

read, lire

recall, rappeler

receive, recevoir

recognize, reconnaître

remain, rester

remember, se souvenir

remove, enlever

repair, réparer

rest, se reposer

return, retourner

ring, sonner

roll, rouler

run, courir

S

see, voir

seek, chercher

sell, vendre

send, envoyer

serve, servir

share, partager

shave, se raser

shout, crier

sign, signer

sin, pécher

sing, chanter

sit, s'asseoir

sleep, dormir

smell, sentir

smile, sourire

smoke, fumer

snow, neiger

speak, parler

spell, épeler

spend, dépenser

steal, voler

stop, s'arrêter

stretch, tendre

strike, frapper

study, étudier

succeed, réussir

suffer, souffrir

suggest, suggérer

surprise, surprendre

swim, nager

T

take, prendre

tear, déchirer

tell, raconter

threaten, menacer

throw, jeter

tighten, serrer

touch, toucher

travel, voyager

try, essayer

U

understand, comprendre

undress, se déshabiller

W

wake up, se réveiller

want, vouloir

wash, se laver

wear, porter

weep, pleurer

weigh, peser

wipe, essuyer

work, travailler

wound, blesser

wrap, envelopper

write, écrire

Answer Key

Page 5, Exercise 1

Je demande, tu demandes, il demande, nous demandons, vous demandez, ils demandent. Je chante, tu chantes, il chante, nous chantons, vous chantez, ils chantent. Je travaille, tu travailles, il travaille, elle travaille, nous travaillons, vous travaillez, ils travaillent, elles travaillent.

Exercise 2

Il étudie, vous étudiez, j'étudie, nous étudions. Tu donnes, ils donnent, vous donnez, je donne. Elle ferme, nous fermons, tu fermes, il ferme. Je joue, vous jouez, elles jouent, tu joues. Nous dînons, tu dînes, je dîne, vous dînez.

Page 6

1. Nous parlons. 2. nous commençons. 3. Je travaille. 4. Elle aide. 5. Vous aimez *ou* Tu aimes. 6. Il écoute. 7. Ils (Elles) comptent. 8. Je tombe. 9. Nous trouvons. 10. Nous arrivons. 11. Il apporte. 12. Nous montons. 13. Elle porte. 14. Nous jouons. 15. Il étudie. 16. Nous admirons. 17. Il trouve. 18. Je pense. 19. Ils (Elles) sonnent. 20. Elle pleure.

Page 8, Exercise 1

1. J'obéis, tu obéis, il obéit, nous obéissons, vous obéissez, ils obéissent. 2. Je réussis, tu réussis, il réussit, nous réussissons, vous réussissez, ils réussissent. 3. Je punis, tu punis, il punit, nous punissons, vous punissez, ils punissent, elle punit, elles punissent.

Page 9, Exercise 2

1. Nous bâtissons, il bâtit, tu bâtis. 2. Elle remplit, vous remplissez, ils remplissent, nous remplissons. 3. Je choisis, nous choisissons, tu choisis, elle choisit. 4. Il accomplit, vous accomplissez, j'accomplis, ils accomplissent. 5. Vous finissez, il finit, elles finissent, tu finis.

Page 9, Exercise 3

1. Obéit-il *ou* Est-ce qu'il obéit? 2. Réussit-il *ou* Est-ce qu'il réussit? 3. Parle-t-il? *ou* Est-ce qu'il parle français? 4. Est-ce que j'aide? 5. Dansez-vous? *ou* Est-ce que vous dansez? Danses-tu? *ou* Est-ce que tu danses? 6. Pensez-vous? *ou* Est-ce que vous pensez? Penses-tu? *ou* Est-ce que tu penses? 7. Est-ce que je choisis? 8. Ecoutez-vous? *ou* Est-ce que vous écoutez? Ecoutes-tu? *ou* Est-ce que tu écoutes? 9. Choisit-il une maison? *ou* Est-ce qu'il choisit une maison? 10. Porte-t-elle un chapeau? *ou* Est-ce qu'elle porte un chapeau?

Page 11, Exercise 1

1. Nous répondons. 2. Il vend. 3. Elles entendent. 4. Je défends. 5. Vous perdez. 6. Tu rends. 7. Elle tend. 8. Ils descendent. 9. Je perds. 10. Tu entends.

Page 12, Exercise 2

1. Ils (Elles) perdent. 2. Nous n'entendons pas. 3. Ne répondez-vous pas? *ou* Est-ce que vous ne répondez pas? Ne réponds-tu pas? *ou* Est-ce que tu ne réponds pas? 4. Je ne défends pas. 5. Attendent-ils (elles)? *ou* Est-ce qu'ils (elles) attendent? 6. N'attendent-ils (elles) pas? *ou* Est-ce qu'ils (elles) n'attendent pas? 7. Je perds. 8. Elle rend. 9. Ils (Elles) défendent. 10. Nous ne perdons pas.

Page 13, Exercise

1. Travaillons! 2. Choisissez! 3. Obéis! 4. Ecoutez! 5. Attendez! 6. Pensons! 7. Etudions! 8. Entrez! 9. Dîne! 10. Commençons!

Page 15, Exercise

1. jouant. 2. étudiant. 3. chantant. 4. obéissant. 5. écoutant. 6. attendant. 7. comptant. 8. descendant. 9. dansant. 10. donnant.

Page 17, Exercise

1. Je finirai. 2. Vous chanterez. 3. Nous choisirons. 4. Elle attendra. 5. Tu perdras. 6. Ils écouteront. 7. Je descendrai. 8. Elle répondra. 9. Tu réussiras. 10. Elles guériront.

Page 19, Exercise 1

1. Elles répondraient. 2. Nous finirions. 3. Il choisirait. 4. Pierre arriverait. 5. Tu penserais. 6. Vous aimeriez. 7. Je perdrais. 8. Elles attendraient. 9. Vous choisiriez. 10. Tu réussirais.

Page 19, Exercise 2

1. Nous obéirions. We would obey. 2. Tu finirais. You would finish. 3. Je commencerais. I would begin. 4. Ils finiraient. They would finish. 5. J'aimerais. I would like. 6. Vous déjeuneriez. You would have lunch. 7. Elle parlerait. She would speak. 8. J'entendrais. I would hear. 9. Elles travailleraient. They would work. 10. Nous jouerions. We would play.

Page 20, Exercise 3

1. Vous obéirez *ou* Tu obéiras. 2. Je penserais. 3. Nous écouterions. 4. Attendriez-vous? *ou* Est-ce que vous attendriez? Attendrais-tu? *ou* Est-ce que tu attendrais? 5. Je vends. 6. Nous jouerions. 7. Je répondrai. 8. Ils (Elles) admireraient. 9. Descendrez-vous? *ou* Est-ce que vous descendrez? Descendras-tu? *ou* Est-ce que tu descendras? 10. Ils (Elles) ne descendraient pas.

Page 22, Exercise

1. Vous choisissiez. 2. J'entendais. 3. Il jouait. 4. Je travaillais. 5. Tu demeurais. 6. Nous bâtissions. 7. Ils accomplissaient. 8. Je remplissais. 9. Tu perdais. 10. Vous descendiez. 11. Nous vendions. 12. Elle dînait. 13. Tu écoutais. 14. Je pensais. 15. Ils portaient. 16. Il demandait. 17. Nous obéissions. 18. Elles choisissaient. 19. Nous attendions. 20. Je descendais.

Page 23, Review Exercise 1

1. I finish. 2. We used to speak *ou* were speaking. 3. You will lose. 4. I would give. 5. They used to dance *ou* were dancing. 6. You will come in. 7. One used to sell *ou* was selling, We used to sell *ou* were selling, They used to sell *ou* were selling. 8. You used to live *ou* were living. 9. They study *ou* are studying. 10. I used to build *ou* was building. 11. Answer the question. 12. Do you like Brahms? 13. We don't work *ou* are not working. 14. Do you sing? 15. Did you use to sing *ou* Were you singing? 16. I am working. 17. We used to listen *ou* were listening to the radio. 18. He plays the piano. 19. Are you listening?

Page 24, Review Exercise 2

1. Je descends. 2. Nous finissions. 3. J'attendrai. 4. Je chanterais. 5. Elles pleurent. 6. Vous réussissiez. 7. Parlons! 8. Ecoutez! 9. Il brûle. 10. Vous trouviez. 11. Tu compteras. 12. Nous ajouterions. 13. Ils apporteront. 14. Elle aide. 15. Vous demandiez. 16. Ils obéissent. 17. Nous répondons. 18. Je perdrai. 19. Il accomplirait. 20. Je choisissais.

Page 27, Exercise

1. Je serai. 2. Nous sommes. 3. Tu serais. 4. Vous auriez. 5. Il était. 6. Soyons! 7. Ils (Elles) sont. 8. J'avais. 9. Nous avons. 10. Nous aurions. 11. Il serait. 12. Vous serez. 13. Il aura. 14. Il sera. 15. Il a. 16. Sois! 17. Etant. 18. Nous étions. 19. Ayant. 20. Vous êtes *ou* Tu es. 21. Ayons! 22. Elle était. 23. J'aurai. 24. Je serais. 25. Aie! 26. Je suis. 27. Il est. 28. Tu habitais *ou* Vous habitiez. 29. Il travaillera. 30. Elle parlait. 31. Ils (Elles) étaient. 32. Nous avons. 33. J'étais. 34. J'ai chaud. 35. Il a faim.

144

36. Vous avez raison. 37. J'ai tort. 38. Dormez-vous? *ou* Est-ce que vous dormez? 39. Elle a dix-huit ans. 40. Il y a. 41. Sembler. 42. J'ai soif. 43. Elle a peur. 44. Il y a. 45. Nous avons faim. 46. Elle n'a pas peur. 47. Nous n'avons pas tort. 48. Ai-je tort? *ou* Est-ce que j'ai tort? 49. As-tu raison? *ou* Est-ce que tu as raison? 50. N'ayons pas tort!

Page 31, Exercise

1. Elle a parlé. 2. Je suis monté.* 3. Nous avons fini. 4. Tu as chanté. 5. Vous avez obéi. 6. Elles sont arrivées. 7. Il a étudié. 8. Elle est tombée. 9. J'ai trouvé. 10. Vous avez choisi. 11. Nous avons attendu. 12. Il a répondu. 13. Tu as entendu. 14. Nous sommes descendus. 15. Elle a aimé. 16. Tu as perdu. 17. Il a bâti. 18. Elle a puni. 19. Nous avons réussi. 20. Il a donné.

Page 34, Exercise

1. Il parla. 2. Nous perdîmes. 3. Ils bâtirent. 4. Elle aima. 5. Vous descendîtes. 6. Ils répondirent. 7. Nous attendîmes. 8. Vous choisîtes. 9. J'étudiai. 10. Elles arrivèrent. 11. Vous obéites. 12. Je chantai. 13. Vous finîtes. 14. Je réussis. 15. Il étudia. 16. Nous parlâmes. 17. Vous attendîtes. 18. Ils remplirent. 19. Vous accomplîtes. 20. Ils dînèrent.

Page 35, Mastery Exercise

1. enleva. 2. donna. 3. sauva. 4. créa. 5. écrivit. 6. adopta. 7. invita. 8. inventa. 9. découvrit. 10. remporta.

Page 39, Exercise

1. attende. 2. montions. 3. aimiez. 4. dînent. 5. chantes. 6. vendiez. 7. choisissent. 8. écoute. 9. perdes. 10. finissiez. 11. réponde. 12. travaillions. 13. dîne. 14. écrivent. 15. finissions. 16. appreniez. 17. trouve. 18. bâtisse. 19. réussissiez. 20. donne.

Page 40, Mastery Exercise

1. finisse. 2. soit. 3. contrôle. 4. soit. 5. soit. 6. fassions. 7. souvienne. Vienne. 8. soit. 9. puisse. 10. soit.

Page 45, Exercise

1. parlasse. 2. finissions. 3. vendît. 4. tombassions. 5. entendît. 6. perdisses. 7. chantassent. 8. punissiez. 9. dansassent. 10. ajoutasse. 11. arrivât. 12. aidasse. 13. accomplissiez. 14. remplisses. 15. rendissions. 16. répondisse. 17. donnasses. 18. entendissions. 19. obéisse. 20. choisissent.

Page 49, Exercise

1. Je me couche, tu te couches, il se couche, nous nous couchons, vous vous couchez, ils se couchent. 2. Je m'habillerai, tu t'habilleras, il s'habillera, nous nous habillerons, vous vous habillerez, ils s'habilleront. 3. Je me promenais, tu te promenais, il se promenait, nous nous promenions, vous vous promeniez, ils se promenaient. 4. Je me suis amusé, tu t'es amusé, il s'est amusé, nous nous sommes amusés, vous vous êtes amusés, ils se sont amusés. 5. Je me levai, tu te levas, il se leva, nous nous levâmes, vous vous levâtes, ils se levèrent. 6. Que je me trompe, que tu te trompes, qu'il se trompe, que nous nous trompions, que vous vous trompiez, qu'ils se trompent.

Page 50, Review Exercise

1. I was. 2. We used to speak *ou* were speaking. 3. One must. 4. You used to dine *ou* were dining. 5. They (have) invited. 6. They would like. 7. We came in *ou* We have come in. 8. So that you may be. 9. We spoke. 10. They (have) obeyed. 11. You went down *ou* You have gone down. 12. They answered. 13. I used to fill *ou* was filling. 14. It used to rain *ou* was raining. 15. They would arrive. 16. We are hungry. 17. He is having his dinner. 18. I would be ashamed. 19. They had a good time *ou* amused

---

*For brevity, this Answer Key gives the masculine singular or plural form of the past participle in compound tenses with verbs taking *être* as the auxiliary verb. Nonetheless, correct forms of the feminine singular or plural are also acceptable answers.

145

themselves. 20. We (have) hurried. 21. Help me! 22. They fell down *ou* They have fallen down. 23. You will stop. 24. Rest! 25. So that we might speak. 26. He had. 27. Wake up! 28. We used to leave *ou* were leaving. 29. They sell. 30. We won't wait. 31. I choose *ou* I am choosing. 32. He lost. 33. I sold. 34. They would have. 35. We give *ou* We are giving. 36. He gets dressed. 37. We used to wash *ou* were washing ourselves. 38. They lost. 39. There was. 40. They come *ou* are coming. 41. They (have) loved. 42. They will sell. 43. We were taking a walk. 44. They will get married. 45. Give me! 46. Let us go! 47. While going down. 48. In order that he may be. 49. You used to remain *ou* were remaining. 50. They (have) finished.

Page 52, Mastery Exercise

1. to be heard when one speaks ... to speak. 2. Let us count (consider) ... ends. 3. One must not sell ... one catches him. 4. Help yourself ... will help you. 5. having sung. 6. It is not given. 7. It costs. 8. what one thinks. 9. wept. 10. Coming out ... to enter. 11. succeeded. 12. obeys. 13. Let us not force. 14. rose. 15. Arise. 16. I hung. 17. They had asked him ... and he had answered ... made one want to find that he danced badly. 18. There is. 19. it happened ... having walked a long time ... discovered.

Page 60, Exercise 1

1. Nous plaçons. 2. Je gèle. 3. Il achète. 4. Vous préférez. 5. Tu cèdes. 6. Vous envoyez. 7. Il aboie. 8. Elle nettoie. 9. Nous épelons. 10. Il rappelle. 11. Je cède. 12. Nous célébrons. 13. Ils répètent. 14. Vous menez. 15. Tu achèves. 16. Nous nageons. 17. Vous voyagez. 18. Nous échangeons. 19. Il suggère. 20. Je bouge.

Page 61, Exercise 2

1. Je partageais. 2. Nous voyagions. 3. Ils prononçaient. 4. Tu avançais. 5. Il appelait. 6. Vous commenciez. 7. Tu annonçais. 8. Vous bougiez. 9. Ils dirigeaient. 10. Il élevait. 11. Elles appelaient. 12. Vous suggériez. 13. Nous amenions. 14. Vous interrogiez. 15. Ils logeaient. 16. Nous songions. 17. Tu mangeais. 18. Il neigeait. 19. J'arrangeais. 20. Ils voyageaient.

Page 62, Exercise 3

1. Je commence. 2. Il achètera. 3. Il corrigeait. 4. Je jugeai. 5. Il menacera. 6. Vous interrogiez. 7. Nous songeâmes. 8. Il possède. 9. J'ennuie. 10. Tu jettes. 11. Nous renouvellerons. 12. Ils interrogeaient. 13. Nous voyageâmes. 14. Je céderai. 15. Nous projetions. 16. Nous envoyons. 17. Il appuie. 18. Il appelait. 19. Il neigea. 20. Il avançait.

Page 65, Exercise 1

je fus, tu fus, il fut, nous fûmes, vous fûtes, ils furent.

Page 65, Exercise 2

j'eus, tu eus, il eut, nous eûmes, vous eûtes, ils eurent.

Page 65, Exercise 3

que je sois, que tu sois, qu'il soit, que nous soyons, que vous soyez, qu'ils soient.

Page 66, Exercise 4

que j'aie, que tu aies, qu'il ait, que nous ayons, que vous ayez, qu'ils aient.

Page 66, Exercise 5

1. J'étais *ou* Je fus. 2. J'avais *ou* J'eus. 3. Vous avez été *ou* Tu as été. 4. Il a eu. 5. Nous avons été. 6. Il avait. 7. Je serai. 8. Vous aurez *ou* Tu auras. 9. J'aurais. 10. Soyons. 11. Ils avaient. 12. Etant. 13. Que je sois. 14. Que vous ayez *ou* Que tu aies. 15. Que vous fussiez *ou* Que tu fusses. 16. Ils seront. 17. Que nous eussions. 18. Il était. 19. Il avait *ou* Il eut. 20. Nous avons eu.

Page 72, Mastery Exercise 1.

1. I had admired. 2. He would have liked. 3. He has studied. 4. I would have finished.

5. We played. 6. We have lost. 7. You will have found. 8. He had given. 9. He might have given. 10. We might have hoped. 11. You would have arrived. 12. I have gone. 13. I had arrived. 14. I have been. 15. You had waited. 16. They had made a mistake. 17. They would have declared. 18. They had stopped. 19. You must study.

Page 73, Mastery Exercise 2

1. Vous seriez descendu *ou* Tu serais descendu. 2. Il vendra. 3. Nous eussions acheté. 4. Nous avions dormi. 5. Il aurait entendu. 6. Vous eûtes parlé *ou* Tu eus parlé. Vous aviez parlé *ou* Tu avais parlé. 7. Il fut arrivé *ou* Il était arrivé. 8. Je descendais. 9. Il avait dit. 10. Nous aurions étudié. 11. J'ai eu. 12. Nous avons été. 13. Vous aurez fini *ou* Tu auras fini. 14. Ils se seraient levés. 15. J'aurai attendu. 16. Il serait arrivé. 17. Je fus arrivé *ou* J'étais arrivé. 18. Vous eûtes attendu *ou* Tu eus attendu. Vous aviez attendu *ou* Tu avais attendu. 19. Vous auriez attendu *ou* Tu aurais attendu. 20. Il dit qu'il eût parlé.

Page 75, Exercise

1. The mistakes were corrected. 2. The window is open. 3. Many things have been said. 4. The book is sold in all bookstores. 5. In France, one goes (*ou* they go) to the post office to send a telegram. 6. The senator is accompanied by his wife. 7. The house will be built this year. 8. An armistice was signed. 9. The war was ended. 10. This was decided yesterday.

Page 80, Exercise

1. Pouvez. 2. Voulez. 3. Puis. 4. sais. 5. savent. 6. veux. 7. peut. 8. sait. 9. pouvons. 10. sais. 11. veulent.

Page 80, Mastery Exercise

1. Je veux. 2. Je peux. 3. Il savait *ou* Il sut. 4. Nous savions. 5. J'ai pu. 6. Nous pouvions *ou* Nous pûmes. 7. Je voudrais. 8. Je saurai. 9. Nous avons su. 10. Il pouvait *ou* Il put.

Page 81, Mastery Exercise

1. I want. 2. He used to be able. 3. We will know. 4. He could. 5. That he might know. 6. We used to want *ou* were wanting. 7. He would know. 8. We knew. 9. They have been able. 10. You wanted. 11. May I? 12. I know. 13. Know! 14. They can. 15. We would like. 16. That he may want. 17. That we may be able. 18. That you might know. 19. Known. 20. Being able.

Page 85, Exercise

Je dors. Nous prenons. Ils ouvrent.
Je sortais. Il offrait. Nous prenions. Vous compreniez.
Il ouvrira. Je prendrai. Vous servirez. Ils découvriront.
Il dormit. Je compris. Vous offrîtes. Ils recouvrirent.
Qu'il ouvre. Que nous prenions. Qu'ils sortent. Que tu apprennes.

Page 86, Exercise

Sortant. Apprenant. Dormant.
Que j'apprisse. Que nous dormissions. Qu'ils ouvrissent.

Page 87, Mastery Exercise

1. I left. 2. We used to understand *ou* were understanding. 3. You will feel (*ou* smell). 4. He has taken. 5. He will open. 6. I have discovered. 7. He would offer. 8. That we may understand each other. 9. That you may sleep. 10. You take back. 11. I am sleeping. 12. That he might sleep. 13. Open! 14. He used to surprise *ou* was surprising. 15. I surprised. 16. He has understood. 17. We have gone out. 18. He has left. 19. He left. 20. You are leaving. 21. We would offer.

Page 88, Master Exercise 2

1. Je pars. 2. Il dort. 3. Nous prîmes. 4. Il a pris. 5. Ils comprendront. 6. Ils comprennent. 7. Il servait. 8. Qu'il sente. 9. Que nous sortissions. 10. J'offrirai. 11. J'offre. 12. Je prends. 13. Il prit. 14. Nous partîmes. 15. Vous êtes sortis. 16. Il a dormi. 17. Nous sentons. 18. Sortez! *ou* Sors! 19. Partons! 20. Il ouvrit.

Page 92, Exercise 1

Je vais. Il vient. Nous voyons. Vous allez. Je reviens.
Je venais. Tu allais. Nous voyions. J'apercevais. Vous deveniez.
Tu reverras. Il viendra. J'irai. Nous verrons. Ils reviendront.
J'ai vu. Nous sommes allés. Ils sont venus. Nous avons revu. Tu es allé.
Il alla. Je vis. Nous vîmes. Je vins. Il virent.
Que je voie. Qu'il aille. Que nous venions. Qu'ils deviennent. Que vous revoyiez.

Page 94, Exercise 2

1. He saw. 2. I see. 3. He used to go *ou* was going. 4. We are coming *ou* come. 5. I will see. 6. He went. 7. We have seen. 8. We have come. 9. I have become. 10. Let us go, children of the fatherland! 11. He just came in. 12. He is going to come. 13. Come and see. 14. We are well. 15. This hat suits you well. 16. Come back to see us. 17. Let's see! *ou* Look here! 18. We will go to the woods. 19. Marlbrough is going to war. 20. He will come back at Easter.

Page 95, Exercise 3

1. Je vis. 2. Il alla à l'école. 3. Nous allons apprendre le français. 4. Comment va-t-il? 5. Allez le voir! 6. Nous avons vu. 7. Je reviendrai. 8. Nous allions en France. 9. Il reviendra bientôt. 10. Qu'est-il devenu? 11. Tout va bien. 12. Nous voyions. 13. Il a vu. 14. Venez ici! *ou* Viens ici! 15. Je viens. 16. Il vint. 17. Vous reviendrez *ou* Tu reviendras. 18. Je vois. 19. La robe rouge lui va bien. 20. Elle va bien avec son chapeau.

Page 96, Mastery Exercise

1. I came ... They did not find me. 2. You will see. 3. has seen a lot. 4. does not know how to see. 5. had ever seen. 6. come. 7. may not come. 8. came to fall. 9. Go. 10. comes to me.

Page 101, Exercise

Je fais. Ils font. Je mets. Nous permettons. Tu connais.
Il paraîtra. Je promettrai. Nous ferons. Tu remettras. Ils paraîtront.
Fait. Connu. Mis.
Faisant. Connaissant.
Il mit. Nous permîmes. Vous fîtes. Ils parurent. Je reconnus.
Que je fasse. Que nous mettions. Qu'ils paraissent. Que je disparaisse. Que vous apparaissiez.

Page 102, Mastery Exercise 1

1. We used to make *ou* were making. 2. You made. 3. That he may do. 4. We put. 5. He has put. 6. You used to commit *ou* were committing. 7. We promise *ou* are promising. 8. That you may disappear. 9. I knew. 10. He knew. 11. Make the deal! 12. The weather will be fine tomorrow. 13. They played a game of tennis. 14. Do you know how to cook? 15. They are boxing. 16. We are going to take a walk. 17. This pleases *ou* is pleasing you. 18. It was getting late. 19. Don't worry. 20. What will you do tomorrow?

Page 103, Mastery Exercise 2

1. Je sus. 2. Ils (Elles) promirent. 3. Nous apparaissons. 4. Il a permis. 5. Je ne permettrai pas. 6. Nous commettons. 7. Il promet. 8. Je reconnaîtrai. 9. Permettons! 10. Elle fera la cuisine. 11. Il faisait de la photo. 12. Vous faisiez de la vitesse. 13. Il me fait peur. 14. Nous avons fait notre droit. 15. Ils (Elles) ont fait une promenade. 16. Nous avons fait nos malles. 17. Elle s'est faite belle pour l'occasion. 18. Vous êtes fait!

Page 105, Exercise 1

Il faut. Il fallut. Qu'il faille. Il faudra. Fallu.

Page 105, Exercise 2

Il plut. Il a plu. Il pleuvra. Qu'il plût. Il pleuvrait.

Page 105, Exercise 3

It weeps. It rains.

Page 108, Exercise

Je bats. Battu. Il battra. Que nous battions. Vous avez battu.
Je bus. J'ai bu. Vous boiriez. Bois! Buvons!
Nous conduisions. Que vous conduisiez. Conduisant. Qu'il conduisît.

Page 111, Exercise 1

1. Je courus. 2. Nous craignîmes. 3. Je crus. 4. Je croyais. 5. Court-il? *ou* Est-ce qu'il court? 6. Ils (Elles) croiraient. 7. Je craindrai. 8. Ils (Elles) ont craint. 9. Vous croyez 10. Courons!

Page 111, Exercise 2

1. He ran. 2. That he may fear. 3. We used to believe *ou* were believing. 4. He believed. 5. He will run. 6. They ran. 7. Run! 8. You will believe. 9. What do you fear?

Page 114, Exercise 1

1. I will write to the President. 2. I must write to him. 3. Yes, you should write to him. 4. They say that you owe a hundred francs to the hairdresser. 5. Yes, I owe him a hundred francs. 6. I was saying that I was going to write to the President. 7. You must have something important to say to him. 8. Do you write a lot? 9. No, but I used to write a lot in the past. 10. He says that he wrote a letter to the President.

Page 115, Exercise 2

1. J'écrivis *ou* J'ai écrit le livre. 2. Nous écrivons un livre. 3. Vous devez *ou* Tu dois être sa femme. 4. Nous devons travailler *ou* Il faut que nous travaillions. 5. Il devrait écrire un livre. 6. Elle a écrit un livre. 7. Il n'a pas écrit le livre. 8. Je dois dix dollars. 9. Ecrivons au président! 10. Je disais qu'il doit écrire un livre.

Page 118, Exercise 1

1. He died *ou* has died *ou* is dead. 2. We are dying. 3. He is dying. 4. We used read *ou* were reading. 5. She read. 6. You used to read *ou* were reading. 7. He was born. 8. She was born. 9. We were born. 10. Let him die!

Page 118, Exercise 2

1. Il mourra un jour. 2. Elle est née à Paris. 3. Nous lisons *ou* avons lu dans le journal. 4. Il lit un livre. 5. Beaucoup sont morts. 6. Je meurs. 7. Il est mort. 8. Je lirai cet article. 9. Nous avons lu le livre. 10. Avant de mourir.

Page 121, Exercise 1

1. Je ris. 2. Il recevra. 3. Nous plaisions. 4. J'ai plu. 5. Elle reçoit. 6. Vous avez reçu *ou* Tu as reçu. 7. Ris! *ou* Riez! 8. Il recevrait. 9. Qu'il reçoive. 10. Plaisant. 11. Je plairai. 12. Nous recevrions. 13. Vous rirez *ou* Tu riras. 14. Elle rit. 15. Que je plaise. 16. Ils (Elles) reçoivent. 17. Vous reçûtes. 18. Il rit. 19. Rions! 20. Ne riez pas! *ou* Ne ris pas!

Page 122, Exercise 2

1. Laugh. 2. (He) will laugh. 3. the more we laugh. 4. pleased me. 5. takes pleasure. 6. May it be God's wish. 7. Does it please you (meaning, Would you like). 8. He has been received *ou* was received. 9. Receive. 10. no longer laughs (meaning, no longer looks as pleasant).

Page 125, Exercise

1. Je tiens. 2. Il suivait. 3. Nous vaincrons. 4. Vous suivîtes *ou* Tu suivis. 5. Je suis.

6. Vous tiendrez *ou* Tu tiendras. 7. Vous suivez. 8. Suivez! *ou* Suis! 9. Je suivrais. 10. Ils vainquirent. 11. Vainquant. 12. Je vaincrai. 13. Nous avons vaincu. 14. Ils sont vaincus. 15. Je suivrai. 16. Vous êtes suivi *ou* Tu es suivi. 17. Vous serez suivi *ou* Tu seras suivi. 18. Vous avez été suivi *ou* Tu as été suivi. 19. Suivez-moi! *ou* Suis-moi! 20. L'exemple suivant.

Page 129, Mastery Exercise

1. I know that I only know … to follow you. 2. He who loves me follows me. 3. holds. 4. holds. 5. On "I hold," (meaning, A bird in the hand). 6. were made to hold out *ou* to last. 7. held out. 8. To conquer. 9. One conquers only. 10. I am beaten.

Page 139, Review

1. True. 2. False (they end in *-ant*). 3. True. 4. True. 5. True. 6. True. 7. False. 8. True. 9. False (the second person singular is not used to form the imperative). 10. False (it is the passé simple that is rarely used in conversation). 11. True. 12. False. 13. False (not to the stem of the verb, but to the infinitive). 14. True. 15. True. 16. False. 17. True. 18. True. 19. True. 20. True.